2 dec. 1823

1.3

CATALOGUE

D'UNE

RICHE ET NOMBREUSE COLLECTION

DE TABLEAUX,

PRESQUE TOUS DES ÉCOLES D'ITALIE,

QUELQUES PRODUCTIONS ESPAGNOLES, FLAMANDES ET FRANÇOISES;

On y remarquera des ouvrages capitaux, rares et classiques, des 13e, 14e, 15e et 16e siècles, par les premiers maîtres, et la majeure partie peints sur bois:

Dont la Vente aura lieu rue Vivienne, n° 18, heure de midi, le 2 décembre et jours suivants; elle sera précédée de deux expositions publiques; la première se fera les 13, 14, 15 et 16 novembre, et la seconde, les 27, 28, 29 et 30 du même mois, dans le local indiqué pour la Vente.

CE CATALOGUE EST RÉDIGÉ PAR P. ROUX (DU CANTAL), ARTISTE ET APPRÉCIATEUR D'OBJETS D'ARTS.

[GIUSTINIANI et d'ACOSTA]

PRIX, 2 FRANCS,

Y compris une Table imprimée des prix, qui sera distribuée à la fin de la vente.

Se distribue A PARIS,

CHEZ
- Me MÉRAULT, Commissaire-priseur, rue de l'Éperon, n° 8;
- Me BOUDIN, aussi Comm.-priseur, rue du Mail, n° 12;
- Me POCHET, aussi Comm.-priseur, rue du Bouloy, n° 8;
- L'AUTEUR, rue de Bourbon, n° 35;
- LE CONCIERGE de la maison où se fera la Vente, rue Vivienne, n° 18.

M. DCCC. XXIII.

AVANT-PROPOS.

CETTE rare et curieuse Collection, composée d'environ quatre cents tableaux, en partie sur bois et presque tous italiens, appartenant aux 13e, 14e, 15e et 16e siècles, offrira un grand intérêt, et rappellera une époque bien remarquable dans les annales des arts. On y distinguera des productions des plus grands maîtres, tels que Balduinetti, Joannes Angelic, Mazaccio, André Mentaigne, Andrea Verracchio, Gherlandajo, Franisco Francia, Perugino, Léonardo da Vinci, Michel-Ange, Raphaël, le Corrége, Jules Romain, Perino del Vaga, Primatice, Sébastiano del Piombo, Daniel, de Volterre, le Titien, Paul Véronèse, Andrea del Sarto, Bartholomé de Saint-Marc, Murillo, Velasquez, Ribera, Carlo Dolci, les Caraches, Baroche, Cigoli, le Bronzin, Guido Reni, le Dominiquin, le Guerchin, l'Albane, le Feti, Salvator Rosa, Élisabetha Siranni, Rembrandt, Rubens, etc. Mais, avant de livrer tant de précieux objets aux enchères publiques, nous avons cru devoir mettre sous les yeux de nos lecteurs une courte Notice sur l'École d'Italie, et qui devra servir d'introduction à notre Catalogue; on y verra des réflexions propres à jeter quelques lumières sur le mérite de cette exposition, qui se recommande déjà par son importance. On n'y trouvera pas ces productions noires et barbares, ni ces fausses attributions qui ont refroidi les amateurs de cette grande École, sur laquelle les véritables connoisseurs reviendront toujours.

Les érudits y trouveront une variété qui exercera leurs connoissances, en offrant à leur sagacité les divers progrès de l'art, gradués sur les différentes époques.

Cette grande École, dont nous nous sommes proposé de tracer une rapide esquisse, se compose de diverses branches ; chacune d'elles se distingue par un caractère particulier; Florence fut le premier siége de toutes. Elle est sans contredit la plus ancienne, la plus belle, ajoutons même la plus savante. En effet, ses rapports avec les hautes sciences lui assignent le premier rang entre toutes les autres Écoles; aucune ne peut assurément lui disputer cette prééminence. Elle dut sa renaissance au zèle du sénat de Florence et de Venise. Ces législateurs éclairés appeloient, vers le 12ᵉ siècle, des peintres grecs pour régénérer les arts, que l'invasion des peuples barbares avoit anéantis en Italie.

Ce furent les gothiques pinceaux de ces hommes médiocres qui firent éclore les Cimabuée, Taddeo-Gadiz, André Taffi, le Gioto, Mazaccio, Benozzo-Gozzoli, Balduinetti, et autres peintres de cette naissante École. Leurs foibles ébauches donnèrent la première impulsion à cette tendance naturelle des beaux arts vers la perfection, dans ces climats hospitaliers du génie.

Cependant les talents de ces vieux maîtres restoient encore circonscrits dans des bornes étroites, et leurs premiers pas vers le mieux les éloigna peu du mauvais goût qui régnoit avant eux. Aussi fut-ce à l'étude naissante des bas-reliefs, des statues et de quelques vestiges de peintures antiques, que l'École d'Italie dut enfin son étonnante et rapide élévation. On vit partout alors ces nombreux artistes parcourir les villes et les campagnes pour découvrir et dessiner avec une égale avidité ces précieux restes de la grandeur romaine, et se pénétrer, à la vue de ces objets de leur admiration, des grands principes qui présidoient aux productions du goût et du génie: mais une circonstance non moins importante, la découverte de la peinture à l'huile, acheva de porter cette École au plus haut degré de splendeur.

Antonelle de Messine se trouvoit à Naples, et eut occasion de voir, pour la première fois, dans le palais du roi Alphonse, un tableau qu'on venoit d'y placer, fait par ce nouveau procédé. Frappé de la beauté du coloris, et surtout de sa résistance à l'eau, il part à l'instant même pour Bruges, où demeuroit Jean Van Eyck, qu'on lui dit être l'auteur de cette précieuse découverte; et, disposant cet habile artiste en sa faveur par ses adroites sollicitations, la souplesse de ses manières, et quelques dessins italiens qu'il lui donna, il parvint à lui arracher son secret. Revenu dans sa patrie, Antonelle de Messine alla se fixer à Venise avec un de ses disciples nommé Dominique, qu'il aimoit, et lui communiqua son secret; celui-ci le découvrit à un certain Andrea dal Castagno, peintre médiocre qu'il affectionnoit : confiance généreuse dont il fut cruellement récompensé ! En effet, ce misérable, voulant faire de cette révélation sa propriété exclusive, alla de nuit, au coin d'une rue, attendre son ami et son bienfaiteur, et l'assassina : l'infortuné Dominique, n'ayant pas reconnu son meurtrier, se fit porter chez ce cruel ami pour se faire soigner, et mourut dans ses bras. Ce crime atroce, n'ayant pu être découvert, resta impuni ; mais dal Castagno, pressé par de violents remords, avoua tout au lit de la mort : dès ce moment, la peinture à l'huile ne fut plus un secret en Italie.

Par une régénération spontanée, on vit paroître dans cette heureuse patrie des arts un essaim d'artistes, plus ou moins habiles, qui, brûlant de la même ardeur, excellèrent dans tous les genres, en rivalisant de talents et de gloire. Il n'étoit point d'édifices religieux, de palais, de galeries, et même de maisons de simples particuliers, qui ne fussent décorés par les pinceaux ou le ciseau de ces grands hommes. Enfin, à cette éclatante époque, on eût dit que l'Italie étoit transformée en un vaste temple consacré au culte des arts et à leur propagation en Europe.

On admiroit à Florence le fier et noble enthousiasme de Michel-Ange, l'aigle, sans contredit, de l'École d'Italie. Ses ouvrages, en effet, ont toute la majesté et la force musculaire de ce roi des airs. Ses crayons, aussi prompts que l'éclat de sa foudre, ont créé des monuments dont la beauté et l'immensité étonneront toujours les siècles.

A Milan, le célèbre Léonard de Vinci, que l'on devroit mettre au rang des dieux pour ses vastes connoissances, étonnoit par la grandeur et la sévérité de ses figures, la beauté et la finesse des expressions, que l'on remarque dans sa célèbre Cène.

A Venise, on contemploit avec ravissement, dans le Titien, ses admirables portraits, la fraîcheur et la force de son coloris, la naïve simplicité de ses compositions et de ses figures ; à Parme, les divins pinceaux du Corrége, ses heureuses innovations, la grâce, la vie de ses figures, et la finesse du ton céleste de sa couleur. Mais à Rome, le divin Raphaël l'emportoit sur tous ces grands chefs d'Écoles, pour l'élégance, la grâce et la noblesse des mouvements. Non moins profond dans le dessin qu'ingénieux et sage dans ses compositions, personne n'a mieux connu que lui les convenances historiques et le sublime de l'art. Le Vatican, pompeux monument de sa gloire, aura moins de durée que le nom de Raphaël, et que n'en développera jamais la nuit des âges. C'est surtout dans sa belle Transfiguration que ce grand homme fit briller les immenses ressources de son génie. Ce chef-d'œuvre, sur lequel il exhala son dernier soupir, assura sur sa tête la couronne de l'immortalité ; on le proclama le plus beau tableau du monde, et son auteur, le prince de la peinture.

Ce fut au milieu d'une foule de contemporains

redoutables que Raphaël obtint ce titre glorieux que la postérité lui a confirmé. Néanmoins le mérite illustre du chef de l'École romaine fut balancé par celui de Michel-Ange, et par celui de Léonard de Vinci; c'est même à la vue des ouvrages de ces deux hommes extraordinaires qu'il dut en partie sa rapide élévation. La vue du plafond de la chapelle Sextine surtout, qui jouissoit à Rome d'une grande réputation, lui fit éprouver une si vive sensation, et opéra dans ses idées une telle révolution, qu'après en avoir apprécié toutes les beautés, il renonça entièrement à la manière timide du Pérugin, son maître, pour suivre une vaste route, plus digne de son génie. Il est vrai de dire que cette grande et magnifique page et l'immense Jugement dernier que renferme ce monument, ont quelque chose de surhumain; et, si ces deux immortels ouvrages ne sont pas les plus parfaits, ils sont incontestablement les plus extraordinaires qu'on ait faits depuis la renaissance des arts.

Cependant il manquoit peut-être encore à Raphaël, pour achever de développer ses immenses talents, de voir la fameuse Cène de Milan, de Léonard de Vinci. Arrêtons-nous un moment sur cette sublime production, qui nous paroît d'un mérite supérieur à tout ce que les siècles modernes ont produit de plus beau dans ce genre, sauf la couleur, alors peu connue. La pantomime du tableau offre un aspect des plus imposants, où toutes les convenances historiques sont sévèrement observées. Rien n'égale la majesté divine et la beauté du Christ; les autres personnages sont, comme lui, grands de forme, bien drapés et parfaitement en scène; leurs mouvements nobles et bien contrastés présentent un caractère d'une grandeur de vérité toute particulière. Ces figures n'ont cependant rien de l'antique, ni même des hommes ordinaires, comme si le peintre eût choisi ses modèles dans des régions privilégiées par la nature, et ignorées du reste des humains. Quant à l'expression, chaque tête parle avec une telle vie et un tel sentiment, que le spectateur érudit pourroit aisément interpréter ce que semblent dire entre eux les convives du banquet sacré.

C'est dans ce superbe monument de peinture, que Léonard de Vinci a déployé ses vastes connoissances, en sachant allier la sévère observation de la nature aux principes les plus élevés de l'art.

Dans son admiration, Raphaël fit une imitation de ce chef-d'œuvre, mais inférieure pour le grandiose des formes et la sévérité des figures. On peut s'en convaincre par la gravure de Marc-Antoine, qui est fort répandue dans les cabinets.

Le célèbre Rubens, dans son voyage d'Italie, fut également frappé de la beauté de cette savante composition; il en fit plusieurs copies, entre autres un dessin qu'il fit graver à son retour dans sa patrie, par Soutmann, d'Anvers; mais cette traduction, où domine trop le goût flamand, est appauvrie à un tel point qu'on y méconnoît entièrement ce caractère sévère et gracieux de l'original; néanmoins, on ne peut se dissimuler que ce prince de l'École flamande ne soit redevable de la beauté des têtes, qu'on admire avec raison dans ses ouvrages, aux nombreuses études qu'il fit d'après la Cène de Milan : la belle gravure qu'en a faite Morghem nous dédommage de celle de Soutmann, quoique cependant elle laisse encore à désirer pour l'exactitude des contours, et principalement pour la grandeur des formes, assertion dont le magnifique dessin de M. Dutertre, maître de dessin des anciens pages, exposé jadis à Paris au Salon, offrit la preuve éloquente.

Ce précieux objet d'art, digne de passer à la postérité, et qu'on auroit dû conserver en France très précieusement, en est sorti à la honte des personnes qui y disposoient alors de la destinée des arts, et quelquefois même de celle des artistes, pour aller enrichir une nation rivale de la nôtre. Il faut le dire avec courage, si le roi d'Angleterre possède cette admirable traduction, il la doit, comme nous l'avons déjà dit, à l'indifférence peu nationale des hommes dont nous venons de parler, et au zèle de l'un de ses plus estimables sujets, le baronnet de Vaimour, qui la lui procura. Peut-être se trouvera-t-il un jour un peintre françois assez habile et assez zélé pour nous donner une copie de ce grand ouvrage, qui nous dédommagera de la perte du beau dessin de M. Dutertre.

Ce qui nous étonne encore davantage, c'est l'indifférence avec laquelle on voit arriver la ruine totale de la majeure partie des chefs-d'œuvre dont nous venons de parler, indépendamment de ceux que nous ne connoissons pas. Avant que le terme fatal ait achevé ses ravages, ne seroit-il pas de l'intérêt des arts et de la gloire des nations éclairées, de charger d'habiles artistes d'en faire de belles copies, pour être placées dans les musées, les écoles et académies de l'Europe? Ces imitations offriroient du moins aux élèves des modèles certains pour les grands principes, plutôt que ces amas de tableaux insignifiants, que l'on voit surtout dans les musées de province, qui sont plus propres à détruire le bon goût qu'à le former, et n'ont guère d'autre mérite que l'originalité. Les directeurs ou conservateurs de ces établissements publics ne devroient-ils pas solliciter auprès de leurs gouvernements ou de leurs souverains, l'autorisation de faire traduire ainsi, avec toute la fidélité possible, ces prodiges de la peinture? mais avant tout il faudroit que la direction de ces établissements fût confiée à des artistes à la fois zélés, instruits, et soumis à un concours. Les plantes se reproduisent d'elles-mêmes; mais les objets d'arts, passagers comme le temps, n'ont que la main des hommes pour se dérober à ses injures et pour se perpétuer. Ne sait-on pas que chez ce peuple, que naguère on traitoit de barbares du nord, à Saint-Pétersbourg, on voit une copie d'une grande partie du Vatican, ainsi que d'une foule d'autres beaux tableaux qu'ordonna, par ce louable motif, l'immortelle Catherine II? Si, lors de la mort de Raphaël, l'extrême vieillesse de Michel-Ange et la retraite de Léonard de Vinci en

France, ainsi que la dispersion totale de leurs célèbres écoles, on eût eu ces sages précautions, on seroit parvenu à arrêter la décadence de la peinture, qui fut aussi rapide que l'avoit été sa haute élévation; non pas que les principaux grands hommes que nous venons de citer n'eussent laissé des élèves dignes de leur succéder, et même de balancer leurs talents; mais ces artistes, très savants sans doute, n'avoient pourtant ni le zèle, ni l'amour de leurs illustres maîtres pour la gloire et la prospérité de l'art. Ceux-ci ne formèrent pas d'écoles, et peu ou point d'élèves.

Sébastien del Piombo, Daniel de Volterre et Jules Romain, auroient dû jouer un grand rôle dans cette circonstance, en se mettant à la tête des peintres de Rome, et leur disputer le trône vacant du grand Raphaël; mais les cendres encore fumantes et les lauriers de cet homme immortel furent abandonnés.

Sébastien, après avoir constamment envié, et même rivalisé sa gloire, finit par se contenter de l'office de frère du Plomb, qui lui fit souvent oublier, malheureusement, sa palette et ses pinceaux.

Daniel, jeune encore, par une incroyable bizarrerie, se donna presque entièrement à la sculpture, et Jules Romain alla s'enterrer chez Frédéric de Gonzagues, marquis de Mantoue, et termina sa carrière dans cette ville : peut-être fut-ce la crainte d'être poursuivi à Rome pour des dessins d'obscénités qu'il fit pour mettre en tête des sonnets de l'Arétin. Marc-Antoine, qui les avoit gravés, fut conduit en prison, où il resta plusieurs années; peu s'en fallut qu'il ne lui en coûtât la vie.

Telles furent en partie les principales causes qui amenèrent insensiblement le relâchement du beau style du grand siècle de la peinture en Italie; car ce n'est pas moins à la négligence de ces moyens qu'aux innovations erronées et systématiques qui s'introduisirent chez les artistes ultramontains, qu'on doit attribuer la dégradation dans laquelle tomba cet art dès la fin du 16ᵉ siècle, et surtout dans le cours du suivant. Nous l'avouerons cependant, quelques hommes d'un ordre supérieur luttèrent long-temps avec succès contre l'oubli des grands principes, le mauvais goût et la mollesse des formes, qui prévalurent enfin dans cette décadence, dans toute l'Europe, malgré les nobles efforts de l'immortelle École de Bologne, à la tête de laquelle se trouvoient les Carraches, dont on vit bientôt rejaillir la gloire dans toute l'Italie.

Annibal étoit le plus grand et le plus fier de tous; ses ouvrages, surtout sa sublime Galerie de Farnèse, portent un caractère de beauté qui nous rappelle les productions du Titien, et particulièrement celles du Corrége, qu'il avoit étudiées dans sa jeunesse.

Élèves de cette célèbre Académie dite *des Carraches*, plusieurs autres peintres fameux marchèrent glorieusement dans la carrière que leur avoient tracée ces illustres maîtres. Nous citerons parmi les principaux, le Dominiquin, dont la main savante nous a laissé un des plus beaux tableaux du monde, la Communion de saint Jérôme; néanmoins, malgré toute notre admiration pour ce bel ouvrage, nous n'y trouvons pas toute la dignité ni le beau style du grand siècle de la peinture. Sorti, comme ce dernier, de la même École, le Guerchin étoit aussi fécond que le Dominiquin, sans être aussi savant dans les convenances historiques, ni aussi correct et aussi noble dans ses figures; cependant ses nombreux travaux et ses grands effets lui assignèrent, dans les fastes des arts, un rang au moins égal à celui d'un de ses plus habiles condisciples, le Guide, qui sut également parvenir à la gloire, en alliant souvent la douceur à la force, et la grâce des formes à la fraîcheur du coloris.

O temps fortuné du règne des beaux arts en Italie, où fleurirent un si grand nombre d'artistes illustres, dont le génie aussi précoce, aussi brûlant que l'heureux climat qui les vit naître, a transmis à la postérité des noms qu'elle révèrera toujours! Que nous sommes loin aujourd'hui de voir renouveler tes prodiges, malgré les vains efforts de nos Écoles, dont les principes, et le régime intérieur qu'elles ont adopté, nous paroissent au contraire un puissant obstacle à la prospérité de l'art! En effet, pourquoi, à l'âge où ces hommes du grand siècle étoient déjà si fertiles et si célèbres, les jeunes artistes de nos jours ont-ils à peine le talent suffisant pour concourir au prix dont la munificence royale encourage leurs premiers efforts, et pourquoi si peu justifient-ils dans la suite les lueurs d'espérance qu'ils ont données? A vingt-quatre ans, Raphaël avoit peint *l'École d'Athènes*, et, avant d'avoir atteint son huitième lustre, déjà l'Italie retentissoit de sa gloire, et citoit avec orgueil les nombreux et savants élèves qu'il avoit produits. C'est qu'alors, les maîtres aussi soigneux des progrès de leurs élèves que du succès de leurs propres ouvrages, n'avoient point d'amis, point d'enfants, qui leur fussent plus chers. Vivant toujours au milieu d'eux dans une douce familiarité, ne travaillant qu'en leur présence, ils leur dévoiloient sans réserve tous les secrets de l'art, et cultivoient leur esprit par de savantes conversations. Dans des promenades instructives comme dans l'atelier, ceux-ci pouvoient recueillir avec fruit une foule d'observations judicieuses, et d'exemples utiles qu'une froide théorie sèchement enseignée ne sauroit remplacer. Enfin, qui pouvoit mieux contribuer à développer le génie, à nourrir l'enthousiasme, que cette flatteuse rivalité que les maîtres ne dédaignoient pas d'établir entre eux et leurs élèves, et dont les heureux résultats sont attestés par tant de faits historiques?

Si nous opposons à ce tableau touchant la monotonie et l'isolement de la plupart de nos écoles modernes, l'aridité fatigante des leçons; si nous considérons le jeune peintre éloigné de l'atelier de son maître, *dont l'entrée lui est interdite*, consumant seul un temps précieux à deviner même la pratique manuelle de l'art, et la formation des teintes que peu de jours suffiraient à lui apprendre, en l'étudiant sous la main d'un guide; si nous ajoutons encore à ce contraste déjà si frappant le découragement que fait naître nécessairement cette suprématie injuste que se sont arrogée ceux qui se sont faits les maîtres, cette distance accablante qu'ils ont soin de conserver avec d'obscurs élèves, et la privation absolue pour ceux-ci de ces communications réciproques de pensées et d'observations, d'enthousiasme et d'émulation, qui seule a produit des grands hommes, ne serions-nous pas autorisés à conclure qu'une basse cupidité, une vanité ridicule, et peut-être un sentiment moins noble encore, font agir aujourd'hui ceux qui, chargés de léguer des artistes à la postérité, devroient faire preuve d'un zèle plus affectueux, plus désintéressé, et d'un amour plus pur pour l'art qu'ils professent (1); et ne seroit-ce pas avec quelque justice que nous reprocherions à ceux qui tiennent maintenant le sceptre de la peinture, la décadence affligeante qui nous menace, au moins sous le rapport de la composition de la couleur, et de la dégradation de la lumière? La science du clair-obscur, si essentielle à la peinture, est entièrement oubliée, et nos peintres ne sont plus poètes.

---

(1) Le zèle cependant ne doit point nous rendre injustes; et nous devons reconnoître avec la même franchise que parmi les peintres françois, il en est encore quelques-uns qui ont conservé le feu sacré dans toute sa pureté, et qui honorent également et leur patrie et leur art par leurs talents et leurs nobles sentiments.

O mânes chéries du Corrége françois! si tes contemporains n'ont pas su t'apprécier, et n'ont pas été assez généreux pour te rendre une justice plus éclatante, la postérité plus équitable te la rendra. Le nom de Prudhon sera immortel comme ceux des grands peintres, et ses charmants ouvrages feront renaître un jour cette vie, cette grâce et ce sentiment d'effet de clair-obscur qui manquent à la prospérité et à la gloire de l'École françoise.

Ce fut à l'influence des grands maîtres que nous venons de citer, et de plusieurs autres, que l'École d'Italie conserva, dans son déclin et jusqu'à sa chute même, un caractère de grandeur qui la distingua toujours des autres; aussi, tant que l'Italie possédera les principaux chefs-d'œuvre des beaux siècles de la peinture; tant que la barbarie n'aura pas achevé d'anéantir les monuments de son antique splendeur, espérons que le flambeau des arts se rallumera tôt ou tard; c'est ainsi qu'après un long repos, on voit souvent le Vésuve et l'Etna jeter de nouveaux feux dans leurs éruptions. En attendant cette heureuse révolution, plus ou moins éloignée, les artistes en tous genres, les voyageurs instruits, verront toujours avec délices ces belles contrées jadis si célèbres, et qui de nos jours encore sont le dépôt et l'asile sacré des prodiges des arts.

Revenons maintenant au but de cette courte digression, dans laquelle nous avons essayé de donner quelques aperçus sur cette École célèbre, en laissant toutefois à une plume plus exercée que la nôtre le soin de développer, avec un talent digne du sujet, une dissertation que nous n'avons fait qu'ébaucher.

Après avoir dit, en tête de cette Notice préliminaire de notre Catalogue, que cette Collection rappelleroit une époque remarquable au commerce des arts, qu'il nous soit permis de féliciter le propriétaire qui a trouvé le moyen de soustraire tant de chefs-d'œuvre qui la composent à la surveillance des lois de prohibition de l'Italie. Témoignons également notre reconnoissance à cet estimable Florentin d'être venu les offrir, par prédilection, à une grande nation qui s'honore d'affectionner des monuments dignes de sa gloire et de son magnifique Musée royal.

Le grand nombre de tableaux qui composent cette Collection, dont nous avons déjà donné quelques détails dans notre Avant-propos, nous dispense de faire, pour chaque article en particulier, une description minutieuse qui fatigue le lecteur sans l'instruire davantage. Précis dans nos descriptions comme dans nos éloges, nous ne nous arrêterons que sur les objets qui nous paroîtront mériter une attention particulière, soit pour nous assurer de l'originalité du tableau, ou du maître auquel nous croirons devoir l'attribuer, sans trop nous écarter toutefois de l'ancien Catalogue de la Galerie dont l'authenticité est en partie reconnue. Néanmoins, comme nous ne prétendons pas être infaillibles dans nos connoissances, et que d'ailleurs, loin de donner prise à la calomnie, notre seule ambition est de mériter la confiance publique dont nous avons toujours été jaloux, nous avons jugé convenable de faire deux expositions publiques, dont la première aura lieu les 13, 14, 15 et 16 novembre, et la seconde, les 27, 28, 29 et 30 du même mois, de onze heures à quatre heures de relevée, dans le local indiqué pour la vente. En conséquence, nous invitons les curieux à les visiter avec soin, et nous osons leur assurer qu'ils n'auront pas encore vu, et ne verront peut-être jamais, une exposition plus imposante ni aussi variée dans notre capitale; ils y trouveront des productions de tous les âges et de toutes les classes. C'est toujours par les communications respectives qui ont lieu dans ces grandes réunions; c'est par le concours des diverses opinions des hommes instruits, que l'on parvient à découvrir l'exacte vérité.

Pour nous, malgré nos longues méditations et nos recherches assidues, toujours prêts à reconnoître nos erreurs, nous soumettrons notre opinion au jugement des artistes impartiaux, des amateurs éclairés, des marchands instruits et sans jalousie, qui exercent leur commerce avec la dignité qui convient aux arts.

CATALOGUE
D'UNE
RICHE ET NOMBREUSE COLLECTION
DE TABLEAUX.

ÉCOLE D'ITALIE.

RICCIARELLI (DANIEL), DIT DE VOLTERRE.
Né en 1509, *mort en* 1566.

1. — APRÈS avoir été sous la conduite d'Antoine de Verceil et de Balthazar de Sienne, il passa ensuite dans l'École de Michel-Ange, dont il suivit la belle et grande manière, ainsi que les conseils de son illustre chef. Guidé dans la carrière des beaux arts par un si grand homme, le nom du jeune Daniel ne tarda pas à éclater dans toute l'Italie, et ses ouvrages à être comparés à ceux des plus grands maîtres. C'est ainsi que la fameuse *Descente de Croix*, qu'il fit pour l'église de la Trinité-du-Mont, obtint tous les suffrages, et fut proclamée, par les artistes et les connoisseurs de son siècle, le plus beau tableau de Rome après *la Transfiguration* de Raphaël : telle étoit aussi l'opinion du grand Poussin. Un succès aussi rapide et aussi glorieux auroit dû sans doute fixer pour toujours ce grand artiste dans la peinture, avec d'autant plus de raison qu'il en possédoit toutes les parties à fond, et qu'il paroissoit même l'aimer.

Mais un mauvais génie, ou plutôt une maladie d'esprit,

car cet homme bizarre étoit naturellement d'une humeur mélancolique, lui fit quitter la palette pour prendre le ciseau, et se livrer désormais presque exclusivement à la sculpture. Cette singulière et incroyable inconstance surprit et affligea ses véritables amis, de même que les admirateurs de ses rares talents et de ses beaux ouvrages.

C'est à cette fâcheuse circonstance que nous devons attribuer leur extrême rareté : en peinture, on n'en connoît peu ou point dans les plus riches galeries de l'Europe; l'Italie même ne possède que trois ou quatre fresques de sa main.

Nous devons donc nous estimer heureux de posséder dans notre Collection un tableau de ce grand peintre, non moins important et même plus rare que celui de la Trinité-du-Mont, dont nous venons de parler. Le nôtre est peint à l'huile; l'autre, originairement peint à fresque, et aujourd'hui transporté sur toile, est à peine reconnoissable.

Nous pouvons donc annoncer avec orgueil aux nations civilisées qui chérissent les beaux arts, un des plus beaux et des plus rares monuments de peinture qui existent; disons plutôt unique dans son genre.

Semblable au réveil du lion, le célèbre Ricciarelli, après un long sommeil, cède enfin aux vives instances d'un grand personnage qui parvint, à force de sollicitations, à obtenir le tableau dont il s'agit, dans lequel il acheva par un dernier effort d'immortaliser ses savants pinceaux, en 1564, c'est-à-dire trois ans avant sa mort, ainsi que le constate sa signature et la date apposée au bas.

Cette imposante composition de six figures de grandeur naturelle, présente dans son ensemble un caractère de noblesse, une expression de douleur et une harmonie qui, à la fois, attendrit et élève l'âme du spectateur. Le grandiose de la pantomime, la beauté du style, la douceur et la sagesse des mouvements sont rendus avec une dignité et une poésie au-dessus de toute expression.

Au milieu de cette scène de deuil et de tristesse, on voit Jésus-Christ mort, descendu de la croix, et déposé sur les genoux de la Vierge. Cette mère de douleur soutient foiblement de son bras droit le corps inanimé de son fils, et lève l'autre vers le ciel; tandis que saint Jean, debout derrière le Seigneur, dont il soutient également le corps renversé sur son bras gauche, dans l'attitude du désespoir, regarde d'un œil inquiet et larmoyant la Vierge abattue, prête à s'évanouir. Une des saintes femmes, placée derrière elle, semble faire un mouvement pour la secourir. Près de là est encore une des trois saintes femmes debout, les mains jointes, qui contemple avec respect le corps de Jésus-Christ, dont la mort n'a point encore effacé la majesté divine, ni altéré les traits de bonté et de douceur qui caractérisent son noble visage. A droite du sujet, on remarque la Madeleine à genoux, qui pleure amèrement la mort du Sauveur du monde, devant lequel elle est prosternée, et dont elle soulève une jambe en fixant avec attendrissement la plaie qu'elle arrose de ses larmes. Le surplus de cette belle composition offre sur le premier plan le vase des parfums, la couronne d'épines et le cercueil. On distingue encore dans les fonds, à l'extrémité des montagnes, le Calvaire et la ville de Jérusalem. L'auteur a su ingénieusement sacrifier en demi-teintes ces parties accessoires au sujet, afin de ne pas préjudicier aux belles lumières qui éclairent la scène principale. Enfin, tout est grand, tout est beau dans cet admirable tableau; il n'est aucune des convenances historiques qui ne soient sévèrement observées. Le dessin n'est pas moins ferme que d'un grand goût. Les expressions sont pleines d'âme et d'élévation, et le coloris remarquable par sa finesse de ton. B. l. 64, h. 90.

Nous avons jugé à propos de placer ce tableau en tête de notre Catalogue à cause de son importance, les autres seront classés par rang de siècles.

LIPPO. *Né en 1375, mort en 1415.*

2.—Tous les peintres en général qu'on appelle classiques, et qui datent de l'enfance de l'art, avoient à peu près des talents semblables, c'est-à-dire, une tendance au grand but de la peinture; du moins c'est ce que nous avons cru remarquer dans leurs productions, principalement dans un rare et curieux tableau de Lippo que nous avons sous les yeux, offrant une *Adoration des Rois.*

Sous une cabane bâtie dans les rochers, saint Joseph, la sainte Vierge et l'Enfant Jésus, revêtus de manteaux d'azur, et dont les têtes resplendissent d'auréoles d'or, présentent l'enfant divin à l'adoration des rois, que l'on reconnoît à leur couronne, et aux présents qu'ils offrent. Un d'eux, sur le premier plan, est à genoux, et baise les pieds du Sauveur. Une suite nombreuse d'hommes et de chevaux occupe le reste du tableau. Deux personnages de cette suite tiennent l'oiseau sur le poing, ce qui, selon l'usage du temps, indique qu'ils sont de noble race. Cette composition, peinte sur un fond doré, présente encore, malgré la barbarie d'exécution, un certain caractère et une brillante couleur. B. l. 21, h. 11.

ANGELIC (Jean). *Né en 1387, mort en 1455.*

3. — Ce nom respectable nous rappelle la mémoire d'un artiste à la fois dévoué à sa religion et à la peinture, dans laquelle il excelloit. Ces deux honorables exercices occupèrent tous les moments de sa vie, avec un amour et une ardeur qui l'accompagnèrent jusqu'au tombeau. Ses nombreux et pieux ouvrages ne sont pas moins remarquables par leur caractère religieux que par le ton céleste de la couleur et le précieux de l'exécution. Mais ce que nous y trouvons de plus admirable, c'est la naïveté angélique des expressions et la finesse des draperies, portées à un tel point, qu'il semble véritablement que le ciel y ait pris plus de part que les pinceaux d'un religieux dominicain devenu grand peintre comme par inspiration, ou par la seule idée qu'il s'étoit formée de la Divinité et du séjour celeste. Enfin ce saint homme étoit tellement pénétré de l'importance des sujets qu'il traitoit, qu'après les avoir transmis sur la toile, il les baignoit quelquefois de ses larmes. Tel est le vénérable personnage que nous offrons aux peintres pour modèle, et aux athées pour exemple. Quoiqu'il ne fût pas moins laborieux que zélé pour son art, néanmoins ses tableaux sont rares à rencontrer, surtout aussi conservés que ceux qui se trouvent dans notre galerie, et dont nous allons parler. Nous nous arrêterons un instant sur l'un d'eux, représentant un *Crucifiment*, qui nous paroît digne

de fixer l'attention des connoisseurs, en leur offrant toutes les beautés qui ont immortalisé le nom de Jean Angelic. Ce sujet mystique offre au milieu de la scène Jésus-Christ crucifié : le sang ruisselle de ses plaies, et inonde le pied de la croix. On remarque sur le premier plan la Madeleine suppliant à genoux, au milieu de deux Religieux, dont l'un paroît un fondateur, et l'autre un moine, et dont la présence dans ce tableau avoit sans doute quelque chose de flatteur, ou pour l'artiste, religieux lui-même, ou pour la communauté à laquelle cet ouvrage étoit destiné. Sur un plan plus reculé, sont rangés sur une ligne demi-circulaire, à droite, sainte Anne, saint Denis, la sainte Vierge; à gauche, saint Jean, saint François et une autre sainte, tous en contemplation, et dans une sainte extase. Deux palmiers placés aux côtés de la croix terminent cette composition, qui rappelle toute la bonhomie et la simplicité du moyen âge. B. l. 18, h. 13.

PAR LE MÊME.

4. — Petit tableau fort curieux, peint sur un fond d'or, représentant *les Patriarches de l'ancienne Loi.* Abraham, Moïse et Aaron occupent le premier plan. Le caractère et la correction des figures est admirable pour le temps, et le fini aussi précieux que dans les miniatures les plus délicates, dont on ornoit les manuscrits aux douzième et quatorzième siècles. B. l. 8, h. 4.

NELLI PLAUTILLA, SOEUR ET SUPÉRIEURE DU COUVENT DE SAINTE-CATHERINE, A FLORENCE. *Florissoit en 1400.*

5. — Honneur soit rendu à cette religieuse, non moins célèbre dans ses ouvrages de peinture que le religieux Angelic, dont nous venons de parler : les rapports frappants qu'ils avoient dans leurs talents et leur humilité chrétienne les ont rendus recommandables à la postérité. Si les tableaux du religieux dominicain offrent plus de beautés de détails, ceux de Plantilla sont plus énergiques d'exécution et d'un coloris plus soutenu. On cite particulièrement de

cette femme illustre un monument de peinture des plus remarquables de la ville de Floren e, connu par de nombreuses copies, et que les curieux vont visiter en foule. Nous offrons ici l'esquisse terminée de cet ouvrage, qui orne une des chapelles de l'église de l'Annonciation de cette ville. Elle représente l'Ange annonçant à la Vierge qu'elle concevra par l'opération du Saint-Esprit. La Vierge est assise à gauche du sujet, devant un prie-Dieu, sur lequel est un livre. Elle lève la tête, et ces paroles lui échappent de la bouche : *Ecce ancilla Domini*. Cette production à la fois rare et classique est encore bien conservée. B. l. 18, h. 12.

BALDUINETTI (ALEXIS). *Né en 1368, mort en 1448.*

6.—L'École d'Italie est redevable d'une partie de sa gloire et de ses premiers succès aux talents distingués de cet artiste, l'un des premiers qui débrouilla le chaos des arts en Italie, et qui jeta les premiers fondements du grand siècle de Raphaël. Les amateurs des beaux-arts verront sans doute avec autant de respect que d'admiration le plus bel ouvrage connu de sa main. Ce beau tableau, représentant *l'Adoration des Bergers*, n'est pas moins remarquable par sa belle ordonnance que par la naïveté de ses expressions et la richesse du coloris, digne en tout point des Vénitiens. Nous ne craignons pas de dire que cet important monument des premiers temps de la peinture à l'huile, à la fois rare et classique, est un des plus étonnants et des mieux conservés de toutes les galeries de l'Europe.

Si les véridiques pinceaux de Balduinetti n'ont pas toute l'élévation de ses successeurs, ses ouvrages offrent du moins cette admirable simplicité de la nature, et inspirent une vénération tellement angélique, qu'elle doit attendrir tous les cœurs religieux.

Cette riche et belle composition, dans laquelle on compte six figures capitales, et nombre d'autres dans les fonds, présente au milieu de la scène l'Enfant Jésus couché sur le dos; à gauche du sujet, la Vierge, et derrière elle saint Joseph, l'un et l'autre à genoux, et les mains jointes, qui contemplent leur divin Enfant. Du côté opposé, on remarque trois Moines vêtus en bergers, également à genoux, et les mains jointes, prosternés devant le nouveau-né. Cet anachronisme se rencontre souvent dans les anciens peintres, qui employoient pour modèle dans leurs tableaux des personnages du temps, ou bien ceux qui les faisaient travailler : c'est ce que notre artiste paroît avoir fait ici. A quelque distance de là, on aperçoit un ancien monument servant d'étable. Dans l'éloignement à gauche, on distingue encore des Bergers sur la montagne, qui regardent avec étonnement trois Anges qu'ils aperçoivent dans le ciel, leur annonçant la naissance de l'Enfant Jésus. Diverses fabriques et autres nombreux détails précieusement exécutés, terminent cette rare production, peut-être unique dans son genre. Quelle que soit la place que le sort lui destine, elle fixera toujours une époque curieuse et remarquable dans les fastes de la peinture. B. l. 57, h. 62.

VEROCCHIO (André). *Florissoit au 14e siècle.*

7. — Le nom de ce savant et habile artiste se rattache à des époques bien glorieuses pour la renaissance des arts, et leur triomphe a consacré sa mémoire. Les progrès étonnants qu'ils firent au commencement du quatorzième siècle appartiennent à la gloire de Verocchio, le génie le plus élevé et le plus universel qui eût paru jusqu'alors. Il connoissoit presque tous les arts, la peinture principalement, qui lui est redevable de son premier élan pour la grâce des formes et le bon goût du dessin. Enfin, cet illustre fondateur du bon style, fut le premier artiste de son temps qui ennoblit les formes gothiques de ses prédécesseurs. Le grand Léonard de Vinci, son élève, acheva de perfectionner ce que son maître n'avoit fait qu'ébaucher dans ces belles parties de l'art.

L'excessive rareté des ouvrages du maître du Pérugin, et du célèbre Léonard de Vinci, nous fait espérer que les amateurs des tableaux rares et classiques accueilleront cette *Sainte-Famille* de notre collection, de la main de cet auteur, avec d'autant plus d'empressement, qu'elle offre tous les charmes naissants des progrès des premiers siècles de la peinture.

La Vierge assise, vêtue d'un long manteau vert, porte sur ses genoux l'Enfant Jésus, qui tient dans la main gauche une hirondelle, et de l'autre, semble jouer avec le petit saint Jean : on aperçoit dans le fond, par deux grandes ouvertures, un riche paysage coupé de rochers et de rivières. Cette production est d'autant plus intéressante que, indépendamment de son mérite personnel, son auteur eut la gloire d'enseigner les principes de l'art à Léonard de Vinci. B. forme ronde, g. 30.

MAZACCIO. *Né en 1417, mort en 1443.*

8. — La mort enleva ce grand artiste à l'âge de vingt-six ans, après avoir donné des preuves d'un talent extraordinaire, supérieur à tous ses contemporains.

Portrait d'un jeune Homme coiffé d'une toque rouge, tenant dans sa main droite une coupe d'or enrichie d'émaux et de perles, dont il soulève le couvercle de la main gauche, tandis qu'une jeune Fille vient le surprendre par derrière, en lui mettant les mains sur les épaules, et paroît fort curieuse de savoir ce que la coupe contient. B. l. 13, h. 18.

PAR LE MÊME.

9. — *Le Buste d'un jeune Homme* vu de trois quarts, la tête nue, les cheveux blonds et bouclés. Peinture à fresque sur un enduit en plâtre. L. 9, h. 12.

DECOSIMO (PIETRO). *Florissoit en 1500.*

10. — Cet artiste succéda à Roselli, son maître, dans les ouvrages qu'il devoit faire au Vatican, dans lequel Decosimo a laissé des marques de ses talents dans la peinture. Ses productions se font remarquer pour le coloris et la grandeur des formes; mais sa réputation vient plutôt d'avoir été le maître d'Andrea del Sarto et Fra Bartolomé, que de ses propres talents.

Deux sujets religieux faisant pendant; dans l'un, saint Jean au milieu du désert est à genoux devant notre Seigneur, et écoute avec respect la parole divine; près de lui, est sa croix et une écuelle : des montagnes, des bois, une rivière occupent le fond du tableau.

Dans l'autre, on voit encore saint Jean doublement représenté; d'abord, dans le lointain, assis sur un tertre au bord d'un chemin; puis, sur le devant du tableau, portant sa croix et s'inclinant devant un saint vieillard et une sainte femme; à gauche de cette composition, on remarque sous le péristyle d'une maison, une table et plusieurs personnages dans diverses attitudes. B. l. 56 h. 32.

PAR LE MÊME.

11. — Sous un monument en ruine qui, suivant l'Écriture, sert d'asile aux bœufs et à l'âne, l'Enfant Jésus couché sur un pan du manteau de la sainte Vierge, est adoré par les bergers, dont un tient un mouton sur ses épaules. A droite du tableau, derrière la Vierge, saint Joseph est debout appuyé sur une béquille. A gauche, on voit arriver les rois mages accompagnés d'une suite nombreuse, qui viennent aussi offrir leurs présents à l'Enfant nouveau-né. Le fond du tableau représente un site montagneux. B. l. 33, h. 9.

PAR LE MÊME.

12. — Assis sur les genoux de la Vierge, l'Enfant Jésus, tenant la boule du monde, adresse la parole au petit saint Jean qui semble l'écouter attentivement : à gauche du paysage qui termine le fond du tableau, on aperçoit le Calvaire, où le Sauveur du monde doit accomplir un jour le sacrifice de la rédemption; et sur des plans moins éloignés, différentes scènes qui précédèrent et suivirent la Passion du Fils de Dieu. B. h. 20, l. 17.

PAR LE MÊME.

13. — La Vierge, assise dans un paysage, tient de ses deux mains Jésus sur ses genoux. Tableau d'une belle couleur. B. l. 18. h. 26.

14. GHERLANDAJO (Dominique). *Né en 1449, mort en 1493.*

14. — Les arts doivent au zèle et aux savantes leçons de

Gherlandajo, le grand Michel-Ange, dont la célébrité éternisera la mémoire et celle de son maître. Cet artiste est sans contredit l'un des premiers de son temps qui sut donner à ses ouvrages un caractère vraiment historique, ce qui ne contribua pas peu à développer le vaste génie de Michel-Ange, son élève. Ses belles et savantes compositions donnèrent encore une grande impulsion à la peinture en Italie; nous offrons aux amateurs des ouvrages rares et classiques un précieux tableau de ce maître; mais en regrettant que des mains ineptes en aient couvert la majeure partie des beautés. Peut-être est-ce mal à propos qu'on a repeint ce tableau rond représentant la Vierge assise sur une espèce de trône richement décoré, dans le goût du temps, tenant l'Enfant Jésus sur ses genoux, et semblant le présenter à l'adoration de trois personnages qui sont prosternés à ses pieds, parmi lesquels on remarque saint Étienne et sainte Catherine; le troisième est un Moine placé là par le peintre, par un genre de flatterie fort en usage à cette époque, et dont cette collection nous offre elle-même plusieurs exemples. A droite de la Vierge, on remarque un Ange tenant la balance et l'épée de justice: près de lui est un Pape tenant d'une main une discipline, et de l'autre un livre. A gauche, deux saints Évêques complètent cette composition. B. forme ronde, g. 19.

GHERLANDAJO (RIDOLPHE), FILS ET ÉLÈVE DU PRÉCÉDENT. *Né en* 1485, *mort en* 1560.

15. — Les ouvrages du jeune Gherlandajo offrent des formes plus grandes et plus gracieuses que ceux de son père, un dessin plus nourri et d'un meilleur goût; ce qui arrivoit ordinairement dans les premiers temps de la peinture, où l'élève ajoutoit aux talents de son maître quelques nouveaux progrès. Nous citerons à l'appui de nos observations une charmante *Sainte-Famille*, digne d'orner les premières collections.

La sainte Vierge, vêtue d'une tunique cramoisie, et d'un manteau bleu, à genoux, les mains jointes, considère avec tendresse son Fils, placé à terre sur une layette jaune. Derrière, saint Jean à genoux, appuyé sur le bâton d'une croix, considère aussi avec respect l'Enfant Jésus, à gaucho du tableau sous un rocher. Saint François, à genoux, reçoit les stigmates d'une figure rouge que l'on aperçoit au ciel au-dessus de la tête de la Vierge; à droite saint Jérôme, également dans le creux d'un rocher, a aussi les regards dirigés sur la figure miraculeuse dont nous venons de parler. Il seroit difficile d'expliquer ici l'intention du peintre, lorsqu'il a placé dans le tableau ces deux derniers personnages absolument étrangers au sujet principal. Forme ronde. B. g. 33.

PÉRUGIN. *Né en 1446, mort en 1524.*

Le nom du maître du grand Raphaël n'aura pas moins de durée que celui de son élève dont il doit partager les lauriers. La postérité reconnoissante doit au Pérugin d'avoir formé par son zèle et par ses soins le prince de la peinture. Ces deux grands artistes n'avoient pas moins de rapports dans leurs talents que dans leurs mœurs et leur caractère. Dans ses plus beaux ouvrages, l'élève ressemble encore à son maître; mais il a sur lui l'avantage d'avoir eu un second maître, plus grand que le premier, c'est l'antique, que le Pérugin ne connoissoit pas. Du reste, ses ouvrages ont de la naïveté, de la couleur et même de la grâce : son dessin est plutôt timide que grand.

16. — Le Portrait de ce grand artiste, peint par lui-même; telle est du moins la désignation qu'on lui a toujours donnée dans notre galerie. Le maître de Raphaël s'est représenté à mi-corps, et vu de face, vêtu d'une robe rouge, la tête coiffée d'une toque, et un ruban noir passé autour du cou, qui sembleroit indiquer une décoration.

Ce tableau, d'une grande force de coloris, est encore d'une vérité surprenante. B. l. 13, h. 18.

PAR LE MÊME.

17. — On rencontre rarement des productions des premiers siècles de la peinture aussi importantes, et qui offrent autant de charme et de conservation que celle dont nous allons donner la description.

Cette riche composition de forme ronde, représente la

Vierge au milieu des Anges, assise sur un trône décoré de marbre et de dorure, tenant l'Enfant Jésus sur ses genoux. L'Enfant serre la main de sa mère dans les siennes; il reçoit et lui rend des caresses. B. g. 55.

PAR LE MÊME.

18. — Deux Portraits faisant pendant, figures d'homme et de femme; le premier, coiffé d'une toque noire et vêtu d'un juste au corps rouge, recouvert d'un manteau de velours violet, et la main ornée d'une bague : la femme, ayant les mains croisées, est coiffée d'un bonnet brodé; un corset rouge laisse à découvert sa poitrine et son cou, ornée d'un collier avec un bijou suspendu; ses manches rehaussées d'or laissent échapper des bouffettes blanches vers les épaules. B. h. 17, l. 11.

PAR LE MÊME.

19. — *Sainte Catherine*, vue à mi-corps sur un fond d'architecture; elle porte une couronne sur la tête, et elle tient dans ses mains un livre et la palme du martyre. B. l. 24, h. 24.

ATTRIBUÉ AU MÊME.

20. — *La sainte Vierge*, assise, vêtue d'une tunique rouge, et d'un manteau vert, la tête couverte d'un voile blanc, brodé d'or, tient sur ses genoux l'Enfant Jésus; elle le presse contre son sein de sa main gauche, et lui soulève le pied de sa main droite; le fond du tableau offre un paysage et des coteaux. B. h. 22 et demi, l. 18.

QUELQUES CONSIDÉRATIONS PRÉLIMINAIRES SUR

LÉONARD DE VINCI,

né en 1445, mort dans les bras de François 1er, en 1520.

La nature sembloit avoir réuni tous ses dons sur ce grand homme : aux avantages des formes physiques, il joignoit un esprit supérieur; c'étoit un des plus vastes génies qui aient paru dans le monde. Ses rares connoissances ne se bornoient pas seulement à la peinture, elles s'étendoient encore aux autres arts; il cultivoit aussi les lettres avec succès : on a de lui quelques fragments de poésie ; mais c'est principalement son *Traité sur la Peinture* qui a établi sa réputation littéraire. Né de parents nobles, il appartenoit à une des premières familles de la Toscane, ce qui ne l'empêcha pas de se livrer particulièrement à un art qui lui a procuré plus de gloire que tous les titres dont il pouvoit être revêtu. C'est ici le moment de remarquer que chez les Grecs, ce peuple aussi sage qu'éclairé, les arts ne pouvoient être cultivés que par des personnes libres (c'étoit la noblesse de ce temps), parce qu'ils supposoient qu'une éducation plus soignée, en donnant plus d'élévation aux sentiments, rendoit l'homme capable de les exercer plus dignement : c'étoit d'ailleurs rehausser l'éclat des arts eux-mêmes que d'en faire le privilége exclusif des premiers de la société.

Nous avons vu depuis les Michel-Ange, les Poussin, les Rubens, les Titien, et beaucoup d'autres, ajouter à leurs titres de noblesse ceux non moins recommandables de premiers peintres de leur temps, et les rois eux-mêmes les honorer jusque dans leurs derniers moments : c'est ainsi qu'ils leur donnoient les marques les moins équivoques de leur haute estime et de leur affection.

Mais lorsque les arts en général rendent l'hommage le plus éclatant à tant d'illustres et puissants protecteurs ; lorsqu'ils préconisent les noms des personnages du plus haut rang qui leur ont rendu tant d'honneurs et d'égards[1], pourquoi faut-il que des hommes qui ont à peine des aïeux, et que nous pourrions nommer ici, tiennent avec nous une conduite si peu digne de la caste honorable dans laquelle ils se rangent, afin d'abuser de ses prérogatives? Croient-ils se donner des airs de véritable noblesse en affectant avec les artistes cette politesse hautaine, ces distances dédaigneuses, cette étiquette exigeante qui marque plus d'arrogance que d'esprit, plus d'enflure que de grandeur, plus de vanité que de nobles sentiments? Est-ce par d'injustes querelles, de pitoyables subterfuges, qu'on dispute à l'artiste le prix de ses talents, de ses soins, de son temps, de ses veilles? Dans leur morgue ridicule et leur orgueilleux délire, se sont-ils donc arrogé le privilége d'abreuver de dégoûts, d'outrager par d'insolents mépris, d'injurieuses méfiances, un père de famille, sans respect pour son âge ni pour ses principes? Qu'ont-ils opposé à ses justes réclamations? un dédaigneux silence. A de pareils traits, qui pourroit reconnoître la véritable noblesse, à laquelle ils affectent d'appartenir? Mais laissons aux esclaves qui les entourent l'honneur de les aduler.

Arts honorables, charme et consolation de la vie, venez seuls occuper notre pensée, et distraire nos regards de ces êtres qui osent tenter de nous dégrader : soyez constamment l'objet de notre culte : il n'appartient pas à ces hommes d'apprécier toute votre importance ni votre dignité. O Léonard! génie sublime et universel dont à peine nous avons esquissé les traits, pardonne à un zèle téméraire : pour te peindre dignement, il faudroit emprunter ta plume et tes pinceaux. Tant que la toile et les murailles de l'Italie conserveront des vestiges de tes savants pinceaux, vestiges qui enflammèrent un si grand nombre d'artistes célèbres, les siècles qui succéderont en feront encore éclore de nouveaux dans les siècles à venir.

21. — Nous avons déjà essayé, dans notre Avant-propos, de donner une courte notice sur le grand peintre qui nous occupe; elle aura sans doute disposé les amateurs à accueillir avec enthousiasme le portrait de cet homme extraordinaire, peint par lui-même, que nous leur présentons ici, et que nous allons décrire : ils trouveront dans la représentation de ses traits le grandiose et la beauté des formes de l'original. Cet illustre artiste s'est représenté à mi-corps et vu de trois quarts, vêtu d'une draperie noire en forme de surtout, et doublée d'une hermine. Sa tête à longue barbe est couverte d'une toque, et son regard fixe annonce par son expression la profondeur de son génie. Nous offrons à la vénération publique l'image du plus grand homme qui ait paru dans les arts. B. l. 18, h. 22.

PAR LE MÊME.

22. — De la grâce sans manière, de la fierté sans affectation, et une noble simplicité, telles sont les beautés qui distinguent les sublimes ouvrages de Léonard, principalement l'admirable portrait dont la description intimide notre plume et embarrasse nos expressions. Cette jeune beauté

du quinzième siècle est représentée sous le vestibule d'un palais décoré d'une draperie verte, et percé d'une grande croisée qui découvre la campagne. Elle est vue à mi-corps et aux trois quarts, vêtue d'une robe blanche à bouffettes, sur de grandes manches d'étoffe jaunâtre : un léger mouchoir également blanc couvre ses épaules. Son cou est orné d'une chaîne d'or, et d'un cordon noir qui retient un bijou tombant sur la gorge. Ses cheveux naissants et sans art sont contenus par un cordonnet rehaussé d'or. Elle a autour du corps une riche ceinture sur laquelle on remarque un sujet de chasse, ce qui nous porte à croire que ce portrait pourrait être celui de Diane de Poitiers; mais, quel que soit ce personnage, cette incertitude n'ôteroit rien au mérite de ce chef-d'œuvre, qui offre tous les heureux efforts du sublime pinceau de l'immortel Léonard de Vinci.

PAR LE MÊME.

23. — *La sainte Vierge et l'Enfant Jésus;* celui-ci, un genou appuyé sur le bord d'une terrasse sur le premier plan, paroît sortir des bras de sa mère, et jouer avec une croix légère. Dans l'auréole d'or qui surmonte la tête de la Vierge, on lit : *Ave Regina cœlorum*, tracés en caractères gothiques. 12.

Ce gracieux tableau, digne de l'attention des amateurs distingués, est original, et pourroit bien être de Luini, plutôt que de Léonard de Vinci, auquel on le donnoit dans cette galerie. B. l. 12, h. 15.

ATTRIBUÉ AU MÊME.

24. — Le Portrait de la célèbre Éléonore Béatrix, que le Dante a immortalisée dans ses chants poétiques. Cette héroïne, encore au printemps de l'âge, est représentée à mi-corps, et vue de trois quarts, l'estomac découvert et orné d'une tresse rehaussée d'or : elle est vêtue et coiffée à l'usage du temps. Ce tableau original, d'un grand intérêt pour l'histoire, l'est encore sous les rapports de l'art. B. l. 12, h. 15.

PERUZZI (BALTAZAR). *Né en* 1481, *mort en* 1536.

25. — Malgré la mort prématurée de ce grand artiste, l'Ita-

lie offre encore aujourd'hui des monuments dans plus d'un genre, glorieux pour les arts et pour la mémoire de Perrugi, l'un des plus grands architectes et des plus grands peintres de son siècle : mais à quoi bon des citations lointaines? Nous possédons des ouvrages de la main de ce maître qui donneront une juste idée de ses talents distingués. Nous citerons particulièrement une *Sainte Famille*, qui offre la sainte Vierge vêtue d'une robe rouge et d'un manteau bleu, à genoux, les mains jointes, regardant avec un tendre respect son fils divin, assis à terre sur un pan de son manteau, jouant avec une layette, et souriant à sa mère. A droite, saint Jean accourt vers notre Seigneur, tenant dans ses mains une croix de roseaux; à gauche, saint Joseph, appuyé sur un bât, regarde en arrière des soldats qui s'avancent dans le lointain, à travers les montagnes, ce qui peut faire regarder le sujet comme une *Fuite en Égypte*. B. l. 30, h. 38.

PAR LE MÊME.

26.— A la droite du tableau, les trois rois Mages venus de l'Orient, dont un est à genoux sur le premier plan, offrent de l'or, de l'encens et de la myrrhe à l'Enfant divin, qui semble vouloir se réfugier dans les bras de sa mère, placée à gauche près de la crèche. Une suite nombreuse d'esclaves accompagne les Mages; quelques uns expriment l'intérêt et la curiosité que leur inspire cette scène. Au-dessus, trois anges chantent le *Gloria in excelsis*. Ce tableau, d'une grande richesse de composition, est encore d'un grand caractère et bien conservé. B. l. 28, h. 32.

PAR LE MÊME.

27.— Une *Annonciation*. La Vierge est à genoux dans un temple, devant un prie-Dieu, les yeux élevés vers le Père éternel, tandis que l'ange Gabriel lui présente un lis. B. l. 29, h. 37.

MANTEIGNE (ANDRÉ). *Né en 1451, mort en 1517.*

28. — D'abord berger dans sa jeunesse, ensuite peintre comme par inspiration, Manteigne, par son zèle et ses ta-

lents distingués, a mérité la reconnoissance des beaux-arts. On doit considérer cet artiste comme étant, avec André Verocchio, l'un des principaux restaurateurs de la peinture et du bon goût en Italie : il fut également l'un des premiers qui dessinèrent d'après l'antique, dont il étoit fort enthousiasmé; aussi ses ouvrages sont-ils moins gothiques et moins pauvres de forme que ceux de ses prédécesseurs; ses derniers surtout ne sont pas dépourvus de style ni d'expression : mais une circonstance non moins glorieuse pour la mémoire de ce grand artiste, et qui doit lui assurer l'immortalité, c'est la découverte de la gravure en taille-douce, dont il nous a laissé bon nombre de planches plus belles les unes que les autres.

Parmi les divers tableaux de ce maître qui enrichissent notre collection, nous en citerons particulièrement deux, à la fois agréables et curieux, dignes de l'attention des amateurs des anciennes écoles.

Léda, nue, couchée les jambes croisées, appuyée sur le bras gauche, paroît endormie; près d'elle, un Amour également endormi, a la main posée sur son sein; plus loin Jupiter, métamorphosé en cygne, est amené près de la belle par un autre Amour, qui a une jambe passée sur son cou, et lui tient la tête de la main droite. Ce tableau est gravé par Marc-Antoine, Léda seulement. B. l. 60, h. 30.

PAR LE MÊME.

29. — Sujet semblable et faisant pendant, mais avec quelques différences dans la pose des figures. Ici Léda n'est qu'à demi couchée, et n'est point endormie: elle tient dans ses bras un Amour qui lui montre en souriant le cygne amoureux, qu'un autre Amour, qui semble modérer son ardeur, tient étroitement serré par le cou. Ces deux compositions sont d'une bizarre originalité, et s'éloignent de la manière ordinaire dont les peintres ont coutume de rendre ce sujet. B. l. 60, h. 30.

PAR LE MÊME.

30. — *Notre Seigneur crucifié au pied de la Croix.* La Madeleine prosternée l'arrose de ses larmes. A droite et à gau-

che, la sainte Vierge et saint Jean sont représentés debout, dans l'attitude du recueillement. Sur le premier plan, un Religieux tenant une croix, et un Cardinal sous la figure de saint Jérôme, sont en adoration dans le lointain. A droite du tableau on aperçoit Jésus portant sa croix, escorté par des gens armés. Cette peinture est d'une exécution très soignée, et de la plus parfaite conservation. B. l. 18, h. 21.

PAR LE MÊME.

31.—*L'Adoration des Mages.* A droite, près d'une ruine, servant d'étable, suivant l'Écriture, la Vierge assise, tient sur ses genoux le Dieu nouveau-né qu'elle offre à la vénération des rois Mages venus de l'Orient, guidés par une étoile miraculeuse. Ici, par un sentiment de flatterie très ordinaire aux peintres de ce temps, l'artiste, sacrifiant toutes les convenances historiques, a substitué aux rois indiens des personnages de son temps, dont la figure offre sans doute le véritable portrait, et que l'on reconnoît facilement au costume pour être un roi d'Espagne, un roi de France, et un prince romain qui, selon toute apparence, régnoient alors. Les personnages qui les accompagnent offrent aussi des portraits d'hommes plus ou moins illustres qui vivoient à la cour de ces princes, et donnent à ce tableau un intérêt particulier que les amateurs, sans doute, sauront apprécier. Dans le fond du tableau, une suite nombreuse s'avance à travers les montagnes, et vient se réunir aux augustes adorateurs. Ce tableau, à la fois rare, classique, et d'une conservation parfaite, mérite une attention particulière des connoisseurs érudits. L'histoire nous apprend que Manteigne fit cet ouvrage à dix-huit ans. B. l. 17. h. 22.

PAR LE MÊME.

32.— Dans une église gothique percée de deux grandes croisées, l'on voit à droite saint Paul debout tenant d'une main son épée, et de l'autre, le livre de l'Évangile. Du côté opposé, saint Pierre est également debout, et montre à saint Paul les clefs du Paradis. Ces deux grands défenseurs de la foi, décorés de leurs riches auréoles, et drapés dans le goût antique, semblent s'entretenir des mystères de notre sainte religion.

Le monogramme d'André Manteigne, qui se trouve au bas des pieds de saint Pierre, ajoute encore au mérite de ce tableau, la certitude de son originalité. B. l. 33, h. 44.

PAR LE MÊME.

33.—La Vierge, assise sur la plinthe d'un ancien monument, tient de ses deux mains l'Enfant Jésus sur ses genoux, les yeux élevés vers sa mère qu'il paraît interroger. Cette mère, pleine de tendresse et de bonté, semble écouter son divin Fils avec le plus profond respect : derrière, à gauche du sujet, on voit deux Anges, dont un porte un lis. Tableau gracieux et distingué de ce maître. B. l. 19, h. 28.

PAR LE MÊME.

34.—Un *saint Jérôme* à genoux, les mains jointes, est en adoration devant un crucifix. Sur le second plan, à droite, s'élève une roche escarpée, au-dessus de laquelle on aperçoit un ermitage : du côté opposé, une petite rivière coule au pied d'un rocher, qui se détache sur un fond de paysage. B. c. h. 16. l. 10.

FRA BARTOLOMÉ DE SAINT-MARC. *Né en* 1469, *mort en* 1517.

Voici encore un religieux dominicain artiste, non moins célèbre que Joannes Angelic, dont nous avons déjà parlé. De même que ce saint homme, Bartolomé consacroit son éloquence à la défense de la religion chrétienne, et ses pinceaux à la gloire naissante de la peinture. Il fut contemporain et l'émule de Raphaël, dont il soutint avec honneur la réputation. Si ses ouvrages n'ont pas toute la délicatesse ni l'élégance du prince de l'École romaine, on conviendra du moins qu'ils sont dignes de figurer à côté de tous ceux du grand siècle de la peinture. Son dessin est grand et d'un beau caractère; ses expressions nobles, décentes, et son coloris riche et harmonieux. Nous citerons, avec éloge, un tableau de ce maître, sujet de *Sainte-Famille*, digne de sa haute réputation.

35.—La sainte Vierge tient dans ses bras et sur ses genoux

l'Enfant Jésus, dont la main droite est élevée, et les trois doigts ouverts, symbole de la Trinité, comme nous l'avons déjà remarqué en semblable occasion. L'Enfant se retourne, et regarde avec bonté sainte Thérèse placée en adoration à droite du tableau, dont le fond offre un paysage et des coteaux : rien n'est plus gracieux que l'expression des figures ; l'Enfant Jésus surtout nous paroît mériter une attention particulière, et nous rappelle les plus intéressantes productions du divin Raphaël. Tableau de forme ronde et bien conservé. G. 33.

PAR LE MÊME.

36. — Ce tableau savant, non moins noble ni moins gracieux que le précédent, offre la Vierge debout dans un extérieur décoré d'une draperie verte, tenant l'Enfant Jésus dans ses bras, vêtu d'une chemise légère : il est à demi renversé ; la main droite élevée, les trois doigts ouverts, indiquent le symbole de la Trinité. Toile sur bois, comme nous venons déjà de le dire plus haut. L. 21, h. 27.

PAR LE MÊME.

37. — Le Portrait de ce grand peintre, dans son costume religieux, vu jusqu'aux genoux, montre d'une main l'éternité, et tient l'autre tendue. Nous nous dispenserons de faire l'éloge d'un Portrait qui se recommande de lui-même. B. l. 7, h. 8.

PAR LE MÊME.

38. — *Quatre figures de Vieillards* vus à mi-corps, dont l'un tient à sa main un chapelet et un bâton de pèlerin. Tableau d'une riche couleur, d'un grand caractère, et bien conservé. B. l. 23, h. 26.

PAR LE MÊME.

39. — *La Sainte-Famille.* La Vierge porte sur ses genoux son Fils divin, qui tient un petit bouquet de la main droite ; à ses pieds le jeune saint Jean tient un phylactère, sur lequel on lit : *Ecce Agnus Dei* ; derrière est saint Joseph, debout, un bâton à la main : dans le fond, à gauche du

sujet, on aperçoit près d'un rocher un saint Jérôme à genoux devant un crucifix. B. h. 33, l. 27.

PAR LE MÊME.

40.—*La Vierge.* L'Enfant Jésus est dans ses bras, et lui pose la main droite sur le cou; à ses pieds on remarque un oiseau, des cerises et un livre; à gauche du tableau le petit saint Jean portant une croix de roseaux, indique du doigt le Sauveur du monde. T. l. 26, h. 32.

ALBERTINELLI MARIOTTO. *Né en* 1467, *mort en* 1512.

Il est rare de voir deux hommes qui professent le même genre de peinture, conserver un commerce d'amitié aussi sincère et aussi désintéressé que celui d'Albertinelli avec Bartolomé dont nous venons de parler plus haut. Les mêmes rapports existoient encore dans leurs ouvrages, et même à tel point, qu'il est presque impossible de les distinguer les uns des autres: si ce n'est que ceux de ce dernier nous paroissent plus gracieux et plus élégants de forme. Nous offrons aux amateurs de la peinture à la fois savante et agréable, un tableau des plus distingués de ce maître, offrant une charmante Sainte-Famille.

41. — La Vierge à genoux, les mains jointes, est en adoration devant l'Enfant Jésus, livré au sommeil, et couché sur une draperie blanche qui occupe le premier plan; tandis qu'un Ange, avec l'expression du sourire et du respect à la fois, contemple avec complaisance le repos du divin Sauveur. B. h. 30, l. 24.

PAR LE MÊME.

42. — Saint Zanobie, premier évêque de Florence; il est vu à mi-corps, la mitre en tête, revêtu d'une chape rouge, dont l'agrafe est décorée d'une fleur de lis : il tient sa crosse de sa main gauche, et de sa droite, dont trois doigts sont élevés, il indique le mystère de la Trinité. Le caractère de la tête est admirable, et rappelle le faire de Raphaël. B. h. 25, l. 24.

BUONARROTI (Michel-Ange). *Né en 1474, mort en 1564.*

Ce grand homme dont nous avons déjà parlé dans notre Avant-propos, étoit issu de l'ancienne maison des comtes de Canosse, l'une des plus nobles d'Italie, à laquelle il ne dérogea point; car Michel-Ange avoit une belle âme et un esprit non moins élevé que bien cultivé : il avoit reçu une éducation égale à sa naissance. Si son grand génie n'étoit pas le plus réglé, il étoit du moins le plus vaste et le plus fier de tous les artistes du monde. Ses nombreux ouvrages en peinture, en sculpture et en architecture éterniseront son nom et sa gloire. Le spectateur ne sera pas moins étonné de leur immensité, que des soins inouïs qu'il employoit à les terminer, particulièrement ses fresques, malgré que la majeure partie soient hors de la portée de l'œil. Il aimoit tellement son art, et étoit si laborieux, que dans la crainte de perdre du temps, il ne s'étoit pas marié. C'est ce qui lui faisoit souvent dire que la peinture étoit sa femme, ses ouvrages ses enfants, et qu'il devoit la sculpture au lait de sa nourrice, dont le mari étoit assez bon sculpteur.

Dominique Gherlandajo, l'un des premiers peintres qui marquât en Italie, fut son seul maître; c'est à ses leçons, ou plutôt à son génie naturel que Michel-Ange dut sa haute élévation.

Un jour ses contemporains lui ayant dit qu'il ne savoit faire que des bonnes Vierges et des Christ, Buonarroti fit à cette occasion un tableau représentant la fable de *Jupiter et Léda*, qui fit grand bruit à Rome. Cet ouvrage ayant été généralement désapprouvé à cause du sujet par trop lascif, il fut en conséquence obligé de l'envoyer en France par Minio, son ami, qui le présenta à François 1er, lequel en fit l'acquisition pour la galerie de Fontainebleau, où il resta jusqu'au règne de Louis XIII. Ce fut à cette époque que le barbare des Noyers, ministre de ce monarque, le fit brûler dans cette galerie, par cas de conscience, en présence de la cour. Il alluma même de sa main le fatal bûcher qui devoit consumer ce chef-d'œuvre peint sur bois, et de sept pieds de proportion. La destruction d'un monument de peintufe d'un si grand homme, dut alors, et doit encore aujourd'hui affliger les amis des arts, et exciter leurs regrets.

43. — Sans prétendre réparer une semblable perte, nous sommes néanmoins assez heureux de pouvoir leur offrir ici l'esquisse terminée de ce précieux tableau, esquisse qui a toujours été réputée dans la collection dont elle fait partie comme étant entièrement de la main de Michel-Ange, et que nous présentons avec cette même confiance aux amateurs, certains d'ailleurs qu'ils sauront apprécier tout le mérite et l'intérêt attaché à ce tableau, curieux par le fait que nous venons de raconter; il est gravé par Carrellius avec quelques différences : elle représente, comme nous l'avons dit plus haut, Léda caressée par Jupiter, métamorphosé en cygne. On voit cette Nymphe entièrement nue, couchée, le bras gauche en arrière, lui servant de point d'appui; elle s'élève sur la pointe du pied gauche, et passe l'autre jambe sur une des ailes du cygne amoureux, dont la tête est gracieusement recourbée sur le sein, et le bec appuyé sur les lèvres de la Nymphe, cueille et rend des baisers voluptueux. Cette composition libre est aussi extraordinaire, nous le répétons, par les circonstances et les faits qui y ont rapport, qu'elle est admirable par la beauté et la grâce des formes, la fraîcheur et la finesse du coloris, ainsi que la vérité surprenante des expressions. Nous pensons que ce tableau d'un mérite supérieur et de la plus haute rareté, trouvera comme toutes les belles choses des admirateurs. B. l. 24, h. 19.

PAR LE MÊME.

44. — Pétrarque, célèbre poëte italien, vu de face et à mi-corps, la tête ceinte d'une branche de laurier, montre le livre de ses poésies qu'il tient ouvert de ses deux mains.

PAR LE MÊME.

45. — Le pendant du précédent, représentant le portrait du *Dante*, également célèbre poëte italien. Il est vu de trois quarts et à mi-corps, la tête aussi couronnée d'une branche de laurier, et tient un livre dans sa main.

Ces deux tableaux d'un grand caractère et d'un beau dessin, nous rappellent les ouvrages de Michel-Ange, auquel ils sont attribués. Toile collée sur bois. L. 18, h. 24.

PINTURICCHIO (Bernardino). *Né en 1457, mort en 1513.*

Cet artiste étoit en grande réputation en Italie, surtout à Rome, lorsque le grand Raphaël y parut. Un tel concurrent ne tarda pas à faire oublier le Pinturicchio; néanmoins cet artiste mérite d'être cité parmi ceux qui hâtèrent la belle époque de la peinture; on verra toujours avec plaisir les mouvements nobles et gracieux qui règnent dans ses ouvrages; c'est ce que nous remarquons dans les deux tableaux allégoriques que nous allons décrire.

46. — Cette figure représente la force et le courage sous les traits de Judith; elle est placée debout sur un piédestal, tenant d'une main l'épée, et de l'autre, la tête d'Holopherne. Dans le fond, on aperçoit le camp et la tente de ce général, et Judith qui lui coupe la tête; du côté opposé, la ville de Jéricho. Cintré. B. l. 18, h. 40.

PAR LE MÊME.

47. — Autre figure allégorique que nous croyons être la Constance et la Fermeté; elle est également debout sur un piédestal, couverte d'un long voile, tenant dans la main droite une barque antique, où l'on voit une petite figurine en or. Le fond du tableau offre une femme abordant sur le rivage, tirant après elle une barque semblable, et une scène historique dont les personnages nous sont inconnus. Cintré. B. l. 18, h. 40.

PAR LE MÊME.

48. — *L'Adoration des Mages.* La Sainte-Famille, placée sous un petit toit de chaume soutenu sur quatre pieux, occupe le milieu du tableau; près d'elle les trois Rois d'Orient, dont un est à genoux offrant l'or, l'encens et la myrrhe à l'Enfant nouveau-né; ils sont entourés d'une

escorte armée; on remarque à droite et à gauche du tableau deux chevaux assez bizarrement placés; l'un, vu de face gardé par deux soldats qui ont la lance au poing; l'autre, vu par la croupe, entre deux palefreniers, dont l'un s'amuse à jouer du fifre et du tambourin. Cette peinture, qui date de l'enfance de l'art, est une curiosité classique. B. h. 4. l. 22.

FRANCIA (François). *Né en 1450, mort en 1518.*

Les arts ne payeront jamais un tribut de reconnoissance plus mérité que celui qu'ils doivent à la mémoire de Francia, que l'on doit considérer comme étant le premier fondateur de la célèbre École de Bologne. Ce grand artiste s'est distingué dans la peinture par la richesse de la couleur, la finesse et le bon goût de ses draperies, la naïveté des expressions, et principalement les règles de la perspective; l'un des anciens artistes qui la connut le premier.

49. — Nous citerons à la glorieuse mémoire de cet honorable peintre un des plus beaux tableaux qui soit sorti de sa main, représentant une *Annonciation*. Sur le premier plan, on remarque deux figures principales : à droite, la Vierge est debout, vêtue d'une tunique rouge à larges plis, que recouvre un manteau bleu, qui, enveloppant les genoux, vient retomber sur l'épaule : elle tient encore le livre dont la céleste apparition de l'ange Gabriel lui a fait interrompre la lecture. Les regards élevés vers le messager divin, elle l'écoute d'un air modeste et avec ce calme qui exprime sa résignation aux volontés de Dieu; spectacle digne du Très-Haut, qui de son trône, abaisse ses regards sur celle qu'il a choisie pour l'accomplissement de ses éternels décrets.

Cependant cet ennemi toujours inquiet, et conjurant sans cesse contre Dieu et l'homme, Satan voit avec rage les temps arrivés pour la rédemption du genre humain : on l'aperçoit à gauche du premier plan, sous la forme mixte et allégorique d'un monstre rampant, qui vient souiller de sa présence la plus auguste scène : elle se passe sous les portiques d'un cloître consacré à l'Ordre de saint

Bruno. En effet, par un de ces anachronismes autorisés dans les premiers âges de la peinture, et peut-être aussi pour complaire au donateur, le peintre a représenté celui-ci sous les habits de l'ordre, et la représentation du saint, tenant une croix de la main droite, tandis que de l'autre il relève sa robe. Sur des plans éloignés, on distingue trois Religieux du même ordre : un paysage solitaire termine le fond du tableau.

Nota. Le peintre a donné à la figure de Satan la ressemblance d'un personnage de ce temps qu'il haïssait. B. l. 72, h. 49.

RAPHAEL DEL GARBO. *Né en* 1466, *mort en* 1522.

50. — Les ouvrages de cet élève de Lippi sont extrêmement rares et recherchés; ses figures sont bien modelées et d'un caractère gracieux; son dessin est encore correct. Le seul tableau que possède notre collection, de la main de ce maître, représente une *Sainte Famille*, dans laquelle on voit la sainte Vierge debout, vêtue d'un ample manteau bleu, portant dans ses bras l'Enfant Jésus qu'elle tient; dans sa main droite, le globe surmonté d'une croix, symbole du monde chrétien; à droite du tableau, sur un socle en pierre, contre lequel est appuyé un livre, on aperçoit saint Jean enfant, à genoux, élevant ses mains jointes vers le Sauveur du monde; à gauche, le peintre a placé un saint Sébastien, vêtu d'une tunique verte et d'un manteau rouge, tenant des flèches dans sa main droite, et dans la gauche la palme du martyre. Le fond du tableau représente un paysage très étendu, bordé de montagnes et traversé par une rivière. Rond de forme. B. 42.

SANZIO (*dit* Raphael d'Urbin). *Né en* 1483, *mort en* 1520.

51. — En annonçant le portrait du plus grand peintre du monde, peint par lui-même, nous ne doutons pas que les amateurs de la haute curiosité ne partagent le plaisir que nous éprouvons de leur présenter un objet d'un aussi grand intérêt. Ce fut à l'âge de dix-huit ans qu'il fit ce portrait

pour son père, auquel il l'envoya à Urbin, lieu de sa naissance, d'où il passa ensuite chez les ducs du même nom, seigneurs de cette ville. Nous n'ajouterons rien au tribut d'admiration qu'on a payé à ce grand homme, depuis long-temps proclamé le prince de la peinture: il nous suffira d'inviter nos lecteurs à jeter un coup d'œil sur ce que nous avons déjà dit de lui dans notre Avant-propos. Au surplus, ses immortels pinceaux ne sont-ils pas plus éloquents que tous les panégyristes du monde? quel fleuron pourroient-ils ajouter à sa gloire? Nous nous bornerons donc à ne donner ici qu'une simple description de son portrait, que nous avons sous les yeux. Mais, avant de nous livrer à cet examen, et de prononcer sur un morceau d'une aussi haute importance par son extrême rareté, il étoit de notre devoir de nous convaincre de son authenticité; et c'est ce que nous avons fait avec une recherche scrupuleuse, guidés par tous les documents que nous avons pu nous procurer à cet égard, et dont nous avons étayé nos foibles connoissances. D'ailleurs, comme ce Portrait sera exposé publiquement, nous nous en référerons à cette autorité aussi ancienne que le monde, et qu'on appelle l'opinion publique, que nous invoquerons à l'appui de la nôtre.

Ce célèbre artiste s'est représenté debout, sur un fond de paysage: il est vu de face et à mi-corps, vêtu d'une draperie bleuâtre, le collet brodé en or, recouverte d'une tunique violette, et coiffé d'une toque noire.

Mais, encore que cet ouvrage soit de la jeunesse de Raphaël, et même dans la manière de son maître, il n'en offre pas moins une noblesse et une grâce que n'eut jamais le Pérugin; le paysage surtout est d'une évidence incontestable. Cet ouvrage de son âge de dix-huit ans doit toutefois moins étonner que *l'École d'Athènes*, qu'il fit à vingt-quatre ans. Nous avons tout lieu d'espérer que les véritables amis des beaux-arts fixeront leur attention sur ce précieux et rare monument de peinture, qui doit les intéresser sous le double rapport de la beauté de l'art, et du célèbre personnage qu'il représente. B. l. 12, h. 16.

PAR LE MÊME.

52. — Ce joli tableau, de forme ronde, offre toutes les qualités réunies de la grâce naïve et virginale jointes à la noblesse, qui distinguent les têtes de vierges de Raphaël. L'Enfant Jésus, porté sur les mains de sa mère, a les yeux fixés sur un livre qu'elle tient ouvert devant lui; l'expression céleste du sentiment dont elle est pénétrée se peint avec grâce dans la tête penchée de la Vierge; un fond de paysage ajouté encore à l'effet de cette aimable production. C. g. 6.

PAR LE MÊME.

53. — Figure de femme représentant la Foi; elle est debout, vêtue d'une tunique rouge glacée de jaune, et d'un long manteau vert bordé d'or; elle tient un livre dans la main gauche et un ciboire dans la main droite; sa tête est découverte, et de longs cheveux retombent sur ses épaules. Tableau d'une savante exécution et d'un coloris riche et vigoureux. B. h. 19, l. 12.

PAR LE MÊME.

54. — Devant une fabrique en ruine, au milieu d'un vaste paysage coupé de vallons et de collines, on voit l'Enfant Jésus nouveau-né couché sur la terre; près de lui, saint Joseph assis, un bâton à la main, et de l'autre côté la sainte Vierge, à genoux, le contemplant avec tendresse; à droite du tableau on remarque un bœuf et un âne qui avancent la tête comme pour rendre aussi hommage au Maître de la nature, tandis qu'à gauche, dans le lointain, un ange annonce aux Bergers la naissance du Sauveur du monde. B. l. 23, h. 7.

ATTRIBUÉ AU MÊME.

55. — La Vierge assise dans un paysage, la tête inclinée, regarde avec contentement son divin fils qu'elle tient d'une main sur ses genoux, et de l'autre un livre ouvert. La grâce et le goût des draperies semblent indiquer un ouvrage de la jeunesse de Raphaël. B. l. 15, h. 22.

ATTRIBUÉ AU MÊME.

56. — Deux Gouaches sous verre, peintes sur taffetas, représentant des sujets tirés des loges du Vatican. L. 9, h. 8.

ATTRIBUÉ AU MÊME.

57. — *Sainte Catherine*, vue à mi-corps, tenant d'une main la palme du martyre, et ayant l'autre appuyée sur une roue hérissée de clous, instrument de son supplice. T. l. 12, h. 17.

ÉCOLE DE RAPHAEL.

58. — *Notre Seigneur deposé dans le tombeau*; il est à demi enveloppé dans le linceul et soutenu par deux Apôtres, les saintes Femmes l'entourent et témoignent par leurs diverses attitudes la douleur qu'elles éprouvent; à droite du sujet, on aperçoit dans le lointain le ville de Jérusalem. C. h. 7, l. 10.

LE CORRÉGE. *Né en 1472, mort en 1513.*

Ce célèbre artiste, disons plutôt ce phénomène extraordinaire, dont la beauté des ouvrages a excité l'étonnement et l'admiration de la postérité, avoit reçu en naissant tous les dons de la nature. Ce génie créateur, contre le cours ordinaire de la vie des autres hommes, qui ne s'élèvent dans les arts que par l'enseignement et de longues études, le Corrége, doué d'une faveur toute particulière, sans maître, sans fortune, sans appui, et sans consulter personne, pas même l'antique, a porté la peinture au plus haut degré de splendeur, et n'emprunta jamais rien aux grands maîtres; néanmoins ses productions ne sont ni moins rares, ni moins enviées, ni moins chères que celles de Raphaël. Rien assurément n'est plus admirable que les tableaux de cet homme immortel, qui a su réunir au plus haut degré les charmes de la nature et le ton céleste de la couleur, au grandiose des formes et à la beauté du clair-obscur. Si ses contours ne sont pas toujours corrects, ils sont du moins d'un grand goût; et l'aimable licence de ses pinceaux fait oublier ce léger défaut, en ajoutant un nouveau charme à la grâce et au mouvement des figures.

Tant que l'on distinguera des vestiges de la *Coupole de Parme*, du beau tableau de *Saint Jérôme*, et surtout de celui de *la Nativité*, connu sous le nom de *la Nuit*, autrefois à Dresde, et maintenant en Russie, l'art ne s'éteindra point. Les jeunes peintres exerceront toujours avec fruit leurs crayons et leurs pinceaux sur ces chefs-d'œuvre consacrés par la postérité.

59. — Malgré l'extrême rareté des ouvrages de ce grand peintre, nous sommes néanmoins assez heureux de pouvoir en offrir deux aux amateurs, désignés sous ce numéro. Ils représentent *deux Enfants nus*, et de grandeur naturelle, dans lesquels on reconnoît le moelleux de son pinceau, la beauté, la grandeur de ses formes, et la grâce des mouvements. L'un d'eux se voit debout, les jambes croisées, jouant de la mandoline; et l'autre, également debout, joue du basson. L'un et l'autre se détachent sur un fond vigoureux, et nous rappellent ceux qui se trouvent dans la coupole de Parme, dont nous venons de parler. B. l. 28, h. 51.

PAR LE MÊME.

60. — Sur le premier plan d'un paysage, et d'un fond de ciel foiblement éclairé par le crépuscule, l'Amour seul apprête son arc redoutable, et, d'un œil malin, le Dieu semble méditer le coup qu'il prépare. Dans la pose gracieuse de cette figure et l'élégance de ses formes adolescentes, on reconnoît tout le charme des pinceaux du Corrége. B. l. 7, h. 9.

PAR LE MÊME.

61. — Une charmante Etude représentant une *Tête du petit saint Jean*, vue de trois quarts, éclairée du haut. B. l. 7, h. 9.

PAR LE MÊME.

62. — *L'Amour brisant un arc sur son genou.* Il est également nu, les ailes déployées, et se détache aussi sur un fond uni et obscur. Forme ovale. B. l. 7, h. 13.

ÉCOLE DU CORRÉGE.

63. — *L'Amour façonnant un arc.* Il est nu, légèrement courbé, et retourne la tête sur l'épaule gauche. Il se détache en clair sur un fond obscur. Forme ovale. Ces deux tableaux font pendant. B. l. 7, h. 13.

MÊME ÉCOLE.

64. — Dans l'intérieur d'une fabrique en ruine, la sainte Vierge et saint Joseph ont déposé sur un peu de paille leur divin Fils nouveau-né; sa Mère, légèrement inclinée, lui tend les bras en souriant, et répond à ses innocentes caresses. Le précieux fini de l'exécution, la grâce des figures, la vigueur et la fraîcheur du coloris, placent ce petit tableau au rang des plus aimables de notre collection. B. l. 10, h. 12.

MÊME ÉCOLE.

65. — *La Vierge*, vue à mi-corps, l'estomac à moitié couvert, est entourée de trois Anges, et tient son divin Enfant, qui sommeille dans ses bras. Tableau d'un grand caractère et large de lumière. B. l. 21, h. 28.

DEL CARPI. *Né en 1611, mort en 1656.*

66. — Ce grand élève du Corrége mérite d'occuper un premier rang dans la peinture. S'il ne s'est pas élevé à la hauteur de son maître, il est du moins celui qui en a le plus approché pour la beauté des teintes, la grandeur des formes et même la grâce. Nous offrons aux amateurs des beautés de l'art et des charmes de la nature, un délicieux tableau de cet aimable maître, représentant *la Vierge* assise sur l'herbe au bas d'un coteau; elle tient endormi sur ses genoux son divin Enfant, qu'elle admire avec un air de bonté et de candeur inexprimable. T. l. 46, h. 35.

GIORGION. *Né en 1478, mort en 1511.*

L'École vénitienne est, sans contredit, la première de toutes pour la vigueur et la beauté du coloris. Elle dut la précieuse découverte de son trésor au célèbre Giorgion, auquel il ne manqua qu'une plus longue existence pour être le plus grand peintre vénitien; la beauté, la force de sa couleur, et la noble fierté de ses ouvrages en général, ne laissent aucun doute à cet égard, et les lauriers du Titien se seroient fixés sur la tête du Giorgion.

67. — Nous citerons à sa gloire un tableau de sa main,

qui devra en même temps justifier notre opinion, représentant un concert; composition de quatre figures, vues à mi-corps; celle du milieu, qui nous paroît être un Portrait, représente un personnage qui a la figure et l'embonpoint d'un Bacchus, ayant, comme le dieu du vin, le front ceint d'une couronne de pampre : il joue de la vielle dont il accompagne la voix d'une jeune femme, vue de profil, et sur laquelle il tourne un amoureux regard. Derrière eux, aux deux côtés opposés du tableau, on voit deux jeunes musiciens, dont l'un chante, et l'autre joue de la flûte. B. l. 32, h. 24.

PAR LE MÊME.

68. — *Concert champêtre.* Autour d'une table, servie de différents fruits, on voit sept figures, dont les quatre du milieu, tenant des cahiers de musique, exécutent un quatuor vocal : aux deux extrémités de la table, on remarque deux Villageoises, dont l'une, coiffée d'un chapeau de paille, semble écouter avec plaisir les chanteurs, tandis que du côté opposé, l'autre Villageoise présente un fruit au personnage principal des convives. T. l. 61, h. 41.

PAR LE MÊME.

69. — *Un Portrait de Femme.* Buste vu de trois quarts, une main appuyée sur la poitrine, l'estomac orné d'un cordon, et le cou d'une parure de perles : elle est coiffée à l'italienne.

Malgré l'état de saleté de ce tableau, on découvre à travers la crasse, des beautés qui indiquent qu'on en trouvera d'autres au nettoyage. B. l. 13, h. 16.

PAR LE MÊME.

70. — *Tête de Femme*, coiffée à l'asiatique, d'un turban, enrichi de perles; elle caresse de la main droite un petit chien endormi qui est près d'elle. B. h. 28, l. 21.

ÉCOLE DU GIORGION.

71. — Un Portrait d'homme, d'un grand caractère, indiquant un personnage de marque du temps. Il est vu à mi-corps, de trois quarts, vêtu d'une draperie noire, la

tête découverte, et portant une longue barbe. Nous avons cru reconnoître dans cet ouvrage des rapports avec ceux du Giorgion. B. l. 18, h. 24.

SOGGI. *Né en 1460, mort en 1521.*

72. — Voici encore un des principaux élèves du Pérugin, digne de la haute réputation d'une école qui a formé tant de grands peintres. Soggi jouissoit d'une réputation distinguée en Italie, pour ses beaux portraits qu'il modeloit en cire ou en terre. Ses ouvrages en peinture sont également recommandables par leurs rapports avec ceux de Raphaël. Le seul tableau que possède notre collection de ce maître, représente une Sainte-Famille; la Vierge, couverte d'un manteau bleu, est à genoux, les mains jointes, elle contemple avec admiration son divin Fils couché devant elle, tandis que deux Anges, à gauche du sujet, contemplent également dans les mêmes attitudes le nouveau-né. B. l. 25, h. 30.

LUINI (BERNARDIN).

De tous les élèves de Léonard de Vinci, Luini est celui qui a le plus dignement soutenu la réputation de son maître et la sienne; ses ouvrages sont absolument connus.

73. — *Portraits de trois jeunes Filles de qualité*, dont deux jouent aux échecs sur une table couverte d'un tapis; derrière l'une d'elles, à gauche du tableau, on aperçoit une vieille Gouvernante qui paroît s'amuser de leur jeu. Le fond du tableau offre un paysage montagneux. B. l. 35, h. 27.

TITIEN. *Né en 1477, mort en 1576.*

Personne n'a encore contesté au Titien le titre glorieux du prince de la couleur, et de chef de l'École vénitienne. Ses pinceaux, non moins féconds que sa verve, ont enrichi l'Europe de nombreux chefs-d'œuvre. Malgré son grand âge, le Titien, doué d'une faveur particulière de la nature, n'eut point de vieillesse; ses ouvrages de trente ans ne diffèrent point de ceux de quatre-vingt-dix : on reconnoît toujours sa touche ferme et toujours sage; son coloris vigoureux, transparent, plein de finesse et de fraîcheur; ses expressions simples et naïves comme la nature; si son style n'a pas toute l'élévation de l'École romaine, il n'a rien du moins de ce goût bas et trivial que l'on remarque souvent dans l'École vénitienne. Ce comique tableau, dont nous allons donner la description, est gravé sous le titre des Buveurs.

74. — Composition de la jeunesse de ce maître; elle représente six personnages vus à mi-corps, et dont l'expression des visages peint l'ivresse du plaisir et de la folie. L'un d'eux, sous la figure de Silène, est nu, couronné de pampre, et excite fortement, par sa gaîté bachique, le rire de ses compagnons de débauche qui savourent le jus de la treille, en mêlant les propos joyeux au son des instrumens. On aperçoit derrière le Silène une jeune Femme dans une attitude plus calme, et qui nous paroît être la maîtresse du Titien : ce qui feroit penser que les autres personnages seroient aussi les portraits d'une bande joyeuse d'amis que le peintre se seroit plu à représenter ainsi. T. l. 51, h. 31.

PAR LE MÊME.

75. — Le *Christ*, revêtu d'une tunique rouge et les mains liées, est amené par des soldats devant Pilate : un d'eux, placé dans l'ombre sur le devant du tableau, le tire rudement par le cou : le juge assis à une table, paroît l'interroger, et deux flambeaux éclairent cette scène nocturne. B. l. 17, h. 22.

PAR LE MÊME.

76. — Un Portrait à mi-corps et de trois quarts, à longue barbe, coiffé d'une toque, représentant un Sénateur vénitien en grand costume. Tableau bien conservé et de forme ovale. B. l. 18, h. 22.

ATTRIBUÉ AU MÊME.

77. — *Le Baptême d'Othello*, surnommé *le Maure de Venise*; tableau original d'une belle couleur et fait au premier coup. T. l. 30, h. 22.

SÉBASTIEN DEL PIOMBO. *Né en 1485, mort en 1547.*

D'abord élève du Bélin et du Giorgion, ce grand artiste passa ensuite dans l'immortelle École de Michel-Ange. Guidé par de tels maîtres dans ses études, Sébastien devoit être un jour un grand peintre. En effet, il conserva toujours la beauté du coloris du Giorgion et la force du dessin de Michel-Ange : s'il eût été plus laborieux et moins livré à la passion de la musique et de la poésie, ce dernier en auroit fait un second lui-même ; car il avoit pour cet élève une telle confiance dans ses heureuses dispositions qu'il prit un soin extraordinaire de son avancement dans la peinture. Un zèle aussi louable et à la fois désintéressé ne fut pourtant pas perdu ; car on vit bientôt l'élève suivre d'un pas égal les traces du maître, et tenir le premier rang parmi les peintres romains pour la couleur.

Ses ouvrages ne sont pas moins étonnants par la sévérité du style, le grand goût du dessin, que par la fierté et la noblesse des expressions. On admirera toujours avec raison sa belle manière, et principalement la grandeur de ses formes. L'empâtement et la vigueur du coloris semblent contribuer encore à leur donner cette apparence de force et de vie qui décèle un degré de talent au-dessus peut-être de tous les autres artistes de l'Italie. Enfin, pour donner une idée de la gloire et des talents de Sébastien, il suffira, sans doute, de dire qu'il se crut en état de disputer au grand Raphaël, dont il étoit jaloux, la palme de la peinture, en lui opposant, en concurrence de sa *Transfiguration*, la fameuse *Résurrection du Lazare*, de la galerie du Palais-Royal, maintenant et malheureusement à Londres. Ces deux chefs-d'œuvre firent grand bruit à Rome, et se balançaient tellement en beautés, que les connoisseurs, et même les artistes du temps n'osèrent pas se prononcer bien positivement dans cette grande décision en faveur de l'un d'eux ; peut-être qu'aujourd'hui encore on trouveroit des connoisseurs qui se déclareroient pour *le Lazare*, sans toutefois avoir à rougir de leur choix.

78. — Nous aurions, sans doute, pu nous dispenser d'aller chercher des preuves si lointaines pour démontrer la célébrité de cet artiste, d'autant mieux que notre galerie possède deux superbes tableaux de sa main, qui prouveront plus aux yeux des véritables connoisseurs que toutes nos citations. Ceux-ci pourront juger par eux-mêmes jusqu'à quel point d'élévation cet illustre maître a porté la peinture. Le premier de ces tableaux représente *Jésus parmi les Docteurs*. Cette importante composition de dix-sept figures, groupées dans l'intérieur d'un temple, bien drapées et pleines de noblesse, offre dans son ensemble un aspect du plus beau et du plus grand caractère historique. Ajoutons à cette superbe pantomime une richesse de couleur, et une magie dans le clair-obscur qu'on admireroit même dans Rembrandt; mais ce qui doit fixer plus particulièrement encore l'œil du spectateur, c'est la beauté et la majesté de Jésus que l'on voit sur le second plan à gauche du sujet, assis sur des degrés; et du côté opposé un Docteur également assis, tenant de ses deux mains un livre de loi, ouvert sur ses genoux. La fierté et la noblesse que présente ce personnage, semblent indiquer l'un des principaux héros de la scène. Plus loin, dans l'enfoncement, on distingue encore nombre d'autres Docteurs, et quelques personnes du peuple, qui écoutent avec attention et étonnement les paroles que leur adresse le Seigneur.

Douter de l'accueil distingué que doit recevoir ce superbe monument de peinture de la plus belle conservation, ce seroit mal présumer de l'empressement et du noble enthousiasme que nos premiers amateurs ont toujours montré pour les belles choses, et notamment à la vente *Saint-Victor*. Espérons donc que le beau tableau de *Jésus parmi les Docteurs*, par Sébastien del Piombo, mille fois plus rare à rencontrer que la valeur qu'il représente, n'ira pas comme la fameuse *Résurrection de Lazare*, enrichir une nation qui rivalise de gloire avec la nôtre. B. l. 33, h. 26.

PAR LE MÊME.

79. — Mais que dirons-nous du magnifique Portrait du

Florentin Vallori, dont rien n'égale la beauté dans ce genre! Il semble que l'art se soit plu à répandre sur ce chef-d'œuvre, rival véritablement de la nature, toutes ses beautés et ses richesses. On y remarque principalement un caractère de grandeur, un sentiment de vie, de grâce et de noblesse au-dessus de toute expression. Mais ce qui nous étonne peut-être encore davantage, c'est la beauté et la fonte des contours, ainsi que le moelleux et l'admirable précieux de l'exécution. Non, nous ne craignons pas de le dire, les pinceaux de Vandyck, de Rubens, de Rembrandt, et même du Titien, n'ont rien produit de plus beau ni d'aussi vrai.

Mais écoutons une autorité plus authentique que la nôtre à cet égard. Vasari, grand connoisseur, et le plus judicieux écrivain du grand siècle de la peinture en Italie, dit, dans sa *Vie des Peintres*, après avoir cité les principaux Portraits de Sébastien de Venise, que celui de Vallori le Florentin, dont il s'agit, est au-dessus de toute expression pour sa beauté.

Ce personnage, qui ne doit pas être étranger à l'histoire, est représenté à mi-corps, et se détache sur un fond vigoureux. Il est vu par le dos, la tête tournée de profil, et découverte. Une draperie rouge, d'un beau large et bien jetée, couvre ses épaules. Nous offrons pour modèle aux artistes ce beau et rare Portrait, qui ne laisse rien à désirer, pour qu'ils apprennent à rendre les beautés de la nature sans conventions ni manière. B. l. 17, h. 22.

ATTRIBUÉ AU MÊME.

80. — Notre Seigneur, attaché ignominieusement à une des colonnes du prétoire de Jérusalem, est battu de verges par les soldats. Une grande foule de peuple est présent à cette exécution : à travers les vastes galeries de l'édifice, on remarque d'autres monuments et une partie de la ville de Jérusalem. Cette grande et savante composition nous rappelle les beaux ouvrages de Michel-Ange. B. l. 32, h. 42.

LE PARMESAN. *Né en 1504, mort en 1540.*

Quelque élevé que soit le génie d'un grand homme, il

n'en est pas plus exempt des foiblesses humaines. Le Parmesan, que la nature avoit créé peintre, se livra, par une bizarrerie contraire, à la chimie; mais avec un fanatisme et une telle fureur, qu'il en quitta la peinture pour chercher en vain des secrets qu'il avoit au bout de ses pinceaux. Enfin ses nombreuses expériences n'ayant pas répondu à son attente, il devint à moitié fou, et mourut misérable, après avoir perdu son état, sa fortune et sa santé, laissant à peine après lui quelques ouvrages qui rappelassent sa mémoire. Combien n'est-il pas à regretter qu'une circonstance aussi singulière ait privé la majeure partie des collections des tableaux d'un peintre qui embellissoit ses ouvrages par tant de genres de beautés! on y trouve cette grâce enchanteresse, ces mouvements nobles, ce dessin élégant, qui feront toujours les délices des gens de goût.

81. — *Le Mariage de sainte Catherine.* Sainte Catherine, à genoux à droite du tableau, reçoit un anneau qui lui est présenté par l'Enfant Jésus, que la sainte Vierge tient pressé contre son sein. Près d'elle on remarque le petit saint Jean et saint Joseph; dans le fond à droite, trois Anges célèbrent cette sainte union par leurs cantiques. T. l. 53, h. 43.

PAR LE MÊME.

82. — Figure allégorique de *l'Hymen.* Le dieu des amants, devenu celui des époux, est représenté nu, assis sur les débris d'un autel primitivement destiné à des sacrifices moins purs; il est endormi, la tête appuyée sur son bras gauche, et les ailes en repos, pour marquer qu'il n'est plus volage. Il tient dans la main droite un flambeau renversé dont la flamme s'éteint, triste présage pour le lien conjugal. Enfin dans son carquois épuisé il ne reste plus qu'une flèche. Le fond du tableau offre un paysage éclairé par la lune, au milieu duquel un ruisseau coule lentement ses ondes paisibles, image de l'uniformité de la vie sous les lois de l'Hyménée. B. l. 17, h. 25.

PAR LE MÊME.

83. — *Figure de Femme allégorique.* C'est sans doute

une Nymphe de quelque fontaine célèbre que le peintre a voulu caractériser ainsi, puisqu'elle tient de la main droite une urne d'où s'échappe un courant d'eau; elle est assise dans un paysage, sur un banc de marbre, et n'a pour tout vêtement qu'une gaze rose transparente, qui voile la partie inférieure de son corps; sa jambe et sa cuisse droite sont relevées, et le pied est appuyé sur un peu de terre; de la main gauche elle indique le sol qui l'a fait naître, et qu'elle fertilise. T. l. 17, h. 23.

PAR LE MÊME.

84. — Une *Tête d'étude*, vue de trois quarts, qui nous paroît être celle d'un Ange. B. l. 9, h. 10.

ATTRIBUÉ AU MÊME.

85. — *Une Femme debout*, représentée nue, à l'exception de la partie inférieure du corps, qui est couverte d'une draperie rouge en forme de ceinture; elle porte des pendants d'oreille et des bracelets en pierreries, et prend sur une table un collier de perles. Cette figure, qui nous paroît être Portrait, se détache sur un fond obscur. T. l. 21, h. 46.

ATTRIBUÉ AU MÊME.

86. — La sainte Vierge presse contre son sein son divin Fils, placé sur une table; une de ses mains est passée autour du cou de sa mère, et de l'autre il tient une couronne de roses blanches; dans le fond on aperçoit le jeune saint Jean, la tête appuyée sur ses deux mains. Cuivre ovale. B. l. 6, h. 8.

ATTRIBUÉ AU MÊME.

87. — *Une Sainte Famille.* La Vierge, accompagnée de saint Joseph et de deux autres personnages, endort l'Enfant Jésus couché sur ses genoux; dans le lointain on aperçoit des Anges. T. l. 13, h. 20.

ROMAIN (Jules). *Né en* 1492, *mort en* 1546.

L'immortelle École de Raphaël n'étoit pas seulement célèbre par son illustre chef, elle l'étoit encore par le grand nombre d'habiles élèves qu'elle a formés. Jules Romain étoit celui qui jouissoit de plus de faveur auprès de son illustre maître, dont il étoit de plus l'ami : Raphaël avoit une telle confiance dans ses talents, qu'il le faisoit peindre sur ses dessins, et l'aidoit encore dans ses grands ouvrages, sans qu'on pût distinguer les pinceaux de l'élève de ceux du maître. Peu de temps après la mort de ce grand homme, Jules Romain, qui auroit dû s'emparer du sceptre de la peinture à Rome, alla pour toujours porter la gloire de ses pinceaux à Mantoue, qu'il enrichit par ses nombreux et savants ouvrages. S'ils n'offrent plus cette douceur ni ces grâces à la fois nobles et naturelles que le grand Raphaël avoit inspirées à son élève, celui-ci du moins les a remplacées par des expressions pleines de vie, de fierté; par un dessin d'un grand caractère, et un enthousiasme d'exécution au-dessus de tout éloge. Pardonnons au génie fougueux de ce grand peintre quelques légères exagérations, qui d'ailleurs remuent l'âme du spectateur, sans préjudicier à son immortelle gloire ni à sa haute réputation. Enfin, pour donner une idée de la supériorité des talents de Jules Romain, il suffira de citer son Portrait, peint par lui-même, pour notre galerie; Portrait dont l'aspect imposant, la vigueur du coloris et la verve d'exécution offrent un des plus beaux triomphes de ses pinceaux.

88. — Ce grand artiste s'est représenté à mi-corps, et vu de trois quarts, vêtu d'un surtout noir. Sa tête à longue barbe est éclairé d'une manière savante par les ombres portées des rebords du casque dont elle est couverte, ce qui donne un grand effet aux lumières de la partie éclairée. B. l. 17, h. 21.

PAR LE MÊME.

89. — Composition allégorique représentant la Puissance humaine. Sur un char richement décoré, un monarque est assis tenant son sceptre de la main droite; à ses côtés est la Vérité qu'il paroît interroger : sur le devant, la Justice le guide; les chevaux sont richement caparaçonnés, et portent en trophées les insignes de la royauté, et quelques instruments de correction, symbole de la sévérité, avec

laquelle on doit réprimer les vices. Dans le fond du tableau diverses scènes prises dans la vie humaine, se rattachent à l'idée principale, et complètent cette ingénieuse allégorie. C. l. 12, h. 9.

PAR LE MÊME.

90. — Autre sujet allégorique : sur un chariot rustique un Homme des champs est assis, ayant à ses côtés la figure symbolique de la Religion dont il implore la bénédiction pour ses travaux, en lui indiquant les vignes et les moissons dont la terre est couverte. Sur le devant, la Constance et l'Espérance le guident; le char est traîné par un bœuf et un âne chargés des divers instruments d'agriculture et d'industrie; dans le fond du tableau, on aperçoit de riches coteaux, une métairie, et divers personnages occupés aux travaux de la campagne. C. l. 12, h. 9.

PAR LE MÊME.

91. — *Mars et Vénus*, la mère des Amours, nue, voluptueusement couchée dans les bras du dieu de la guerre, reçoit ses embrassements, et le serre étroitement des plus douces étreintes. Au haut du tableau on aperçoit le char de l'Aurore qui vient rendre la lumière à la nature; mais les Amours ont soin d'envelopper les deux amants de l'ombre du mystère, en déployant au-dessus d'eux une épaisse draperie. Près du lit, Mars a déposé son armure. T. l. 18, h. 24.

PAR LE MÊME.

92. — *L'Adoration des Bergers.* Riche composition de huit figures : notre Seigneur nouveau-né déposé dans la crèche est environné d'une lumière brillante qui éclaire tout le tableau. Il tend les bras à sa mère qui, près de lui à genoux, le contemple avec tendresse, tandis que les Bergers s'avancent autour de l'Enfant, et témoignent, par leurs diverses attitudes, leur respect et leur admiration. A droite, dans le fond du tableau, le peintre a indiqué le moment où des Anges annoncent aux Bergers la naissance du Sauveur du monde. B. l. 39, h. 27.

PAR LE MÊME.

93. — *Le Jugement de Salomon.* Riche composition d'un grand nombre de figures. Sur le premier plan, l'exécuteur des ordres du roi Salomon va saisir l'enfant de la bonne mère qui, dans une attitude suppliante, s'efforce de le retenir dans ses bras, tandis que la mauvaise mère semble attendre, avec une joie féroce, l'exécution du jugement que le Roi vient de prononcer, et qu'il révoque aussitôt, éclairé par le cri de la nature qui vient de lui révéler la mère véritable. Des monuments d'architecture enrichissent le fond de cette esquisse terminée, où l'on reconnoît les beaux mouvements et la noblesse des expressions de l'École de Raphaël. T. l. 17, h. 14.

PAR LE MÊME.

94. — Un portrait de Femme vu à mi-corps et de profil, vêtue d'un riche costume brodé en or, et coiffure pareille enrichie de diamants. T. l. 14, h. 19.

DEL VAGA (PÉRIN). *Né en 1500, mort en 1547.*

Il n'est aucun des élèves de Raphaël qui aient secondé leur maître avec le zèle de Périn del Vaga dans les deux grands travaux du Vatican, surtout dans la partie des ornements qu'il connoissoit mieux qu'aucun de ses camarades et que Raphaël lui-même. On voit encore en Italie divers ouvrages de sa main tout-à-fait dans la manière de son maître, qu'il n'abandonna jamais. Les productions de del Vaga nous rappellent la délicatesse, la douceur des expressions et la noblesse simple et naïve de Raphaël. Telles sont les beautés du moins que nous apercevons dans une charmante *Sainte Famille* de sa main, qui se trouve dans notre collection.

95. — La Vierge assise porte sur ses genoux l'Enfant Jésus, qu'elle soutient des deux mains, tandis que celui-ci, la tête contre celle de sa mère, porte le bras sur sa poitrine. La tête de la Vierge, sur laquelle se peint la candeur unie à la beauté et aux grâces de la jeunesse; l'élégante simplicité de l'ajustement de ses cheveux, tout

rappelle l'école de Raphaël dans cette aimable production. B. l. 15, h. 19.

PAR LE MÊME.

96. — La sainte Vierge assise tient l'Enfant Jésus sur ses genoux, et le presse sur son sein; l'Enfant sourit avec grâce à sa mère, et paroît vouloir l'embrasser. Le fond offre un monument d'architecture, à travers lequel on aperçoit un paysage. B. l. 21, h. 19.

PAR LE MÊME.

97. — La Sainte Vierge, l'Enfant Jésus et saint Jean. Les deux enfants sont sur le premier plan, et semblent jouer et lutter de force ensemble; dans le fond, un ange écarte un rideau. Tableau charmant, et d'un caractère tout-à-fait Raphaélesque. B. l. 24, h. 29.

PENNI (JEAN-FRANÇOIS), *dit* LE FATTORE. *Né en* 1488, *mort en* 1528.

Raphaël avoit pour ses élèves une amitié et une bonté paternelle. Ceux-ci, de leur côté, avoient pour leur illustre maître un respect et un attachement qu'on ne sauroit exprimer. Il institua en mourant Francesco Penni et Jules Romain, l'un et l'autre ses élèves, ses héritiers. Ce grand homme ayant laissé plusieurs ouvrages imparfaits, les dignes compagnons de sa gloire, ses principaux élèves, Jules Romain, Francesco Penni et Perrin del Vaga, réunirent leurs pinceaux, et les achevèrent, à la grande satisfaction du public. Ce travail fini, ces trois grands peintres se séparèrent. Francesco se retira à Naples, où il continua de donner de nouvelles preuves de ses talents, en conservant toujours dans ses ouvrages la grâce, la noble simplicité et le style élégant de son divin maître; enfin affoibli, et succombant à ses chagrins, il mourut à la fleur de l'âge, emportant dans la tombe les douloureux regrets d'avoir perdu son maître, son ami et son bienfaiteur.

98. — *Saint Pierre*, assis sur la chaise papale, a la main droite élevée, et trois doigts ouverts, symbole de la Trinité; il tient de l'autre les clefs, signe de sa mission apos-

tolique; deux anges lui posent la tiare ou triple couronne sur la tête; deux saints cardinaux l'accompagnent, dont l'un tient un livre, et l'autre pose la main sur son cœur. Un paysage montagneux s'aperçoit dans le fond du tableau. B. l. 17, h. 14.

PAR LE MÊME.

99. — La sainte Vierge assise sur l'herbe, dans un vallon, tient l'Enfant Jésus sur son genou droit, et lui soutient le pied de sa main gauche. Notre Seigneur a le bras droit élevé; et trois doigts ouverts, symbole de la Trinité; tout près, le jeune saint Jean, à genoux, écoute, dans la position la plus respectueuse, les paroles que semble lui adresser le Sauveur du monde. Tableau d'un grand caractère. B. l. 36, h. 44.

DEL SARTO (André). *Né en 1473, mort en 1559.*

Nous voyons peu de peintres florentins qui se soient élevés à la hauteur d'André del Sarto dans cette École, ni qui aient été aussi gracieux dans leurs ouvrages, principalement pour les Saintes Familles, dans lesquelles il excelloit : elles marchent après celles de Raphaël pour la grâce, la noblesse et la finesse des expressions; de beaux mouvements, un dessin élégant, un coloris brillant et léger, ajoutent encore de nouveaux charmes aux tableaux ravissants d'André del Sarto. Dans le nombre de ceux que possède notre galerie, nous citerons particulièrement un tableau offrant un sujet religieux.

100. — Dans un paysage solitaire et montueux, saint François, à genoux, élève des regards extatiques vers les cieux qui viennent de s'ouvrir pour lui; du haut des airs, le Fils de Dieu, au milieu d'une gloire éclatante qu'entourent des Chérubins, daigne s'offrir à sa contemplation. Le divin Sauveur tient de sa main droite le signe de la rédemption, d'où partent les stigmates que déjà l'on aperçoit sur un des pieds du saint. Cependant, à gauche, un Religieux du même ordre, sans doute moins favorisé du ciel, semble ne pouvoir soutenir toute la splendeur de la gloire céleste, dont l'éblouissant éclat le force à détourner ses trop foibles organes; contraste admirable entre lui et

le Saint, dont l'expression sublime est celle d'une âme qui ne tient plus à la terre. Non loin d'une fabrique qui occupe les derniers plans, on aperçoit des Voyageurs. Des lointains de montagnes qui se détachent sur un ciel aërien terminent cette composition simple, mais sublime de pensée, de couleur et d'harmonie. B. l. 59, h. 63.

PAR LE MÊME.

101.—*La Vierge et l'Enfant Jésus, accompagnés du petit saint Jean.* Sous les traits les plus nobles, les plus purs, et qu'on pourroit considérer comme le type de la beauté la plus régulière, la Vierge tient sur ses genoux l'Enfant Jésus, qui a la tête tournée vers le spectateur, ainsi que le jeune précurseur; celui-ci s'enveloppe avec transport d'une partie de la robe de la Vierge, dont la tête, vue aux trois quarts, est éclairée avec une science et une entente admirable d'ombres et de lumières. T. h. 42, l. 32.

PAR LE MÊME.

102. — *Portrait d'un Seigneur italien*, vêtu d'un justaucorps noir, prêt à partir en voyage; il porte sa main gauche sur le pommeau de son épée, et de la droite il tient sa toque. Dans le fond on aperçoit d'un côté un valet qui porte une valise, et de l'autre un cheval attaché par la bride. Dans le lointain, des cavaliers au galop s'avancent dans les montagnes. Ce Portrait, du plus beau et du plus grand caractère, fait honneur aux pinceaux d'André del Sarto. B. l. 32, h. 42.

PAR LE MÊME.

103. — *Cléopâtre*, vue à mi-corps, le sein découvert, les bras et les épaules nues, tient dans ses mains le reptile venimeux qui doit lui donner la mort; ses cheveux en désordre tombent sur son cou; sa tête, légèrement penchée sur l'épaule droite, n'offre point, comme dans la plupart des tableaux qui représentent ce sujet, l'expression d'un sombre désespoir, et les convulsions d'une horrible agonie, mais plutôt celle d'une affliction profonde, concentrée dans le cœur, et d'une sorte de résignation calme au sort cruel que le destin lui a réservé. Ce tableau, d'une

touche fine, d'une couleur vraie et d'une belle conservation, n'est pas un des moins importants de cette collection. B. l. 32, h. 26.

PAR LE MÊME.

104. — *Un Musicien.* Figure vue de trois quarts. De la main droite il tient son violon renversé, comme s'il méditoit quelque composition musicale; du moins c'est l'intention qu'on croit lire dans cette tête pleine de pensée, et qui annonce un génie profond dans son art. Il est coiffé d'une toque noire, et vêtu d'une robe de la même couleur. Tableau d'un beau caractère et du plus beau faire du maître. B. h. 32, l. 25.

PAR LE MÊME.

105. — Un Portrait de femme. Elle est vue à mi-corps, la tête, de trois quarts, est ornée d'un voile transparent qui accompagne toute la figure, et vient se réunir sur la poitrine : elle est vêtue d'un corsage noir, recouvert d'un manteau de la même couleur, les mains croisées, tenant dans la droite une paire de gants. Ce Portrait, d'un ton fin et brillant, présente un grand caractère. B. h. 31, l. 23.

PAR LE MÊME.

106. — Un tableau capital, et considéré dans notre galerie comme de la main de del Sarto, représentant *Abraham*, qui a conduit son Fils sur la montagne, et se prépare à l'immoler; déjà la victime est courbée sur l'autel, le fatal couteau est levé, et le sacrifice va s'accomplir; mais le Seigneur, qui avoit commandé ce cruel holocauste pour éprouver la foi de son serviteur, envoie un Ange qui arrête le bras du patriarche, et rend le jeune Isaac à la tendresse paternelle et à la vie : il indique en même temps du doigt qu'un bélier, que l'on aperçoit près de là, doit être immolé à sa place. Le fond du tableau représente un riche paysage orné de quelques fabriques. T. l. 57, h. 76.

PAR LE MÊME.

107. — Le Portrait en buste du célèbre Pierre Meliozati, Florentin, vu de trois quarts, vêtu de noir, et la

tête couverte d'un grand chapeau. Ici les pinceaux de del Sarto ont rivalisé de gloire avec la plume du savant personnage. L'art ne peut rien produire de plus beau ni de plus vrai. B. l. 13, h. 16.

ATTRIBUÉ AU MÊME.

108. — Notre Seigneur, descendu de la croix, est entouré de la sainte Vierge, de saint Jean et de sainte Madeleine, qui est prosternée à ses pieds et les arrose de ses larmes. Derrière sont en adoration quatre personnages religieux, et dans le fond on aperçoit le Calvaire et diverses petites figurines. B. h. 19, l. 20.

ATTRIBUÉ AU MÊME.

109. — *La sainte Vierge, l'Enfant Jésus et saint Jean.* Elle tient un livre dans ses mains, et saint Jean présente une petite croix à l'Enfant Jésus; deux Anges portant des branches de lis occupent le fond du tableau. B. l. 23, h. 29.

ATTRIBUÉ AU MÊME.

110. — Une Tête de Femme, vue de trois quarts, avec une coiffe blanche, les épaules couvertes d'un fichu bordé de blanc. Ce morceau a le mérite d'une couleur vraie, et le caractère du modèle en paroît parfaitement saisi. B. h. 22, l. 17.

VASARI (George). *Né en 1510, mort en 1574.*

Peintre habile; historien savant, judicieux écrivain; Vasari, dans le grand siècle de la peinture, fut le coopérateur de sa prospérité et de sa gloire, et la servit de sa plume comme de ses pinceaux. La postérité doit à l'une un tableau fidèle des progrès de l'art, et le beau tableau de *l'Hymen* qui se trouve dans notre collection, offre la preuve qu'il l'exerçoit avec autant de succès qu'il le savoit décrire.

111. — La Beauté vient de quitter les bras de Morphée: à ses côtés, une Matrone qui assiste à son lever, lui montre l'Amour dont, à sa prière, elle écoute enfin le séduisant langage. Déjà l'Enfant malin est assuré de la victoire : la main de sa nouvelle conquête va le presser con-

tre son cœur. Cependant le dieu d'Hymen s'avance, tenant son flambeau allumé; il est conduit par les Plaisirs, dont les mains lui ont imposé les chaînes les plus légères : son air, son maintien, sa démarche, tout exprime et son respect et sa tendresse pour l'objet enchanteur auquel il est prêt à s'unir. T. h. 61, l. 83.

GAROFALO. *Né en 1491, mort en 1559.*

Nous avons dit, dans notre Avant-propos, que la grande École d'Italie étoit composée de plusieurs branches d'un caractère particulier. Nous ajouterons encore que chacune d'elles avoit son chef. Garofalo est assurément celui de l'Ecole de Ferrare : cet admirable artiste après avoir étudié la peinture sous divers maîtres médiocres, eut occasion de voir chez l'un d'eux un tableau de Raphaël; il fut tellement frappé de sa beauté qu'il partit de suite pour Rome, et se présenta à ce grand homme qui le reçut dans son école, et le mit bientôt en état de pouvoir l'employer dans les ouvrages du Belvédère. Enfin, notre jeune artiste fit des progrès si extraordinaires dans cette célèbre école, qu'en peu de temps on ne distinguoit plus les ouvrages de l'élève de ceux du maître, surtout dans les petits tableaux de chevalet, si ce n'est qu'ils sont plus colorés. Ceux que le roi possédoit passoient pour être de Raphaël. Mais pour donner une juste idée de la haute élévation de Garofalo dans la peinture, nous citerons, avec la permission de M. Érard, les deux charmantes *Saintes Familles* qui ornent sa collection; elles ne cèdent en rien assurément aux plus belles productions du prince de la peinture. A ces deux précieux tableaux que nous venons de citer, nous en ajouterons encore deux autres non moins intéressants de notre collection, principalement une riche composition représentant également une *Sainte-Famille* que nous allons décrire.

112. — La sainte Vierge, vêtue d'une tunique rouge et d'un manteau bleu, les mains jointes, est placée entre l'Ange du jugement et l'Ange gardien, et contemple avec vénération son Fils divin, assis à terre et appuyé sur un coussin; il se retourne et semble adresser la parole à saint

Jérôme, représenté à droite du tableau. Du côté opposé, la Madeleine, également à genoux et les mains jointes, partage le bonheur de cette contemplation. B. forme ronde, 29.

PAR LE MÊME.

113. — La Vierge soutient dans ses deux mains l'Enfant Jésus assis sur une table de marbre : près de lui, sur un second plan, la figure d'une sainte Femme tenant la palme du martyre : une rivière et quelques coteaux terminent le fond du tableau. B. h. 12, l. 10.

PAR LE MÊME.

114. — Un portrait de Femme qui se détache sur un fond de paysage, vu à mi-corps et de trois quarts, coiffée et vêtue de noir : elle a une main posée sur une table, et tient dans l'autre deux œillets qui servoient ordinairement de marque ou monogramme] à Garofalo, dans ses ouvrages. Tableau d'une belle couleur et bien conservé. B. l. 14, h. 19.

PAR LE MÊME.

115. — La sainte Vierge assise, tient notre Seigneur sur ses genoux, et lui présente une fleur de lis. A gauche du tableau, un verre plein de fleurs des champs est placé sur un mur d'appui; le fond offre un paysage dans lequel on aperçoit à droite, le petit saint Jean assis dans le creux d'un rocher. Rond, B. diam. 34.

SALVIATI. *Né en 1515, mort en 1673.*

L'immortelle École de Florence, la plus ancienne et la plus célèbre de l'Italie, compte parmi ses nombreux et savants artistes Salviati, dont les beaux mouvements et la fierté des ouvrages feront toujours plaisir aux amateurs de la grande manière, tel que le beau portrait de Femme que nous leur offrons.

116. — Elle est représentée avec les attributs du martyre de sainte Catherine; une des mains, en effet, est appuyée sur une roue hérissée de dents : la tête, vue de trois quarts, est ornée d'une gaze légère qui laisse aper-

cevoir une chevelure artistement bouclée : de la main droite elle relève une draperie bleue qui recouvre les genoux. Ce beau portrait est d'un aspect imposant pour la grandeur des formes et la noblesse du caractère. T. h. 33, l. 25.

PAR LE MÊME.

117. — L'éducation de l'Enfant Jésus, par sa mère : la Vierge, assise sur la plinthe d'un monument, présente un livre ouvert à Jésus qu'elle tient entre ses genoux : l'aimable Enfant, dans la pose la plus gracieuse, une main placée sur sa poitrine, et l'autre dans celle de sa mère, semble annoncer déjà sa divine sagesse. Tableau gracieux, fin de ton, et bien conservé. B. h. 30, l. 23.

LE PRIMATICE. *Né en 1490, mort en 1570.*

Ce savant et aimable artiste étoit avec Jules Romain son maître, ce que Jules Romain étoit lui-même avec Raphaël, c'est-à-dire, son meilleur élève. Le Primatice sut ajouter au beau style de Jules Romain, la grâce et la douceur du coloris du Parmesan. Ses ouvrages plurent tellement à François 1er, que ce prince le fit venir en France, où le Primatice a laissé tant de preuves de ses talents distingués, notamment à Fontainebleau. Ce fut lui et maître Roux, qui, les premiers, apportèrent les beaux-arts chez nous, ou plutôt, la France en est redevable à François 1er, dont la munificence les combla de tant d'honneurs et de fortune. Nous citerons à la gloire du Primatice un tableau où respire la grâce et le charme de ses pinceaux.

118. — *Lot et ses Filles.* Fuyant les malheurs de Sodôme, Lot et ses filles se sont réfugiés dans l'intérieur d'une grotte; celles-ci, effrayées de l'embrasement qui frappe leurs regards et du bouleversement de la nature, s'imaginent que tous les êtres vivants vont périr, et voulant, selon l'Ecriture, conserver la race humaine, elles enivrent leur père et égarent ses sens par les fumées du vin; elles savent mettre à profit sa foiblesse dans l'intérêt du genre humain; déjà l'une d'elles est étroitement embrassée et se livre volontiers aux transports incestueux du vieux

patriarche, tandis que l'autre remplit la coupe qui doit exciter des désirs plus puissants; dans le lointain on aperçoit une partie de la ville coupable dévorée par le feu du ciel. Cette composition pleine de charme et de grâce est remarquable par l'art avec lequel l'artiste a su rendre une scène voluptueuse sans s'écarter du respect dû au sujet. T. l. 48, h. 65.

PAR LE MÊME.

119. — Au milieu d'un panneau orné d'arabesques, et partagé en deux compartiments, on voit deux figures, dont l'une représente un Cupidon tenant son arc; et l'autre, une Psyché portant une petite urne que son bras élevé soutient sur son épaule; deux figures académiques accompagnent les deux côtés du panneau. B. l. 20, h. 17.

SOLARIO (André). *Né en 1530, mort en . . . .*

Tout nous porte à croire que les premiers pas de l'enfance de la peinture se portèrent vers l'agrément, son premier but. C'est ici le cas de remarquer que les peintres qui ont depuis suivi une route contraire sont oubliés, et leurs ouvrages, noirs et barbares, dédaignés. Ce genre de peinture ne peut ni ne doit plus convenir à notre civilisation, ni au goût épuré de nos amateurs : on veut aujourd'hui des peintures qui réunissent les beautés de l'art aux charmes de la nature; tel est le ravissant tableau de *Sainte-Famille* que nous devons aux aimables et savants pinceaux de Solario, et dont nous allons donner la description.

120. — La sainte Vierge, assise sur un tertre à l'ombre d'un néflier et d'un grenadier chargés de fruits, tient l'Enfant Jésus sur ses genoux; elle le presse de sa main droite, et reçoit ses innocentes caresses. Un peu plus loin, saint Jean, assis sur des pierres, tenant une croix dans sa main gauche, cueille de la droite des nèfles pour les offrir à l'Enfant Jésus, qui en tient une lui-même. Un petit oiseau est perché près d'une grenade sur l'arbre à gauche du tableau. Bien conservé et précieux d'exécution. B. l. 32, h. 41.

ATTRIBUÉ AU MÊME DANS SA PREMIÈRE MANIÈRE.

121. — Un Portrait d'Homme, buste de trois quarts, vêtu d'un justaucorps noir, la tête découverte, et décoré d'une médaille en or pendant sur son estomac. B. l. 7, h. 9.

BRONZINO. *Florissoit en* 1570.

122. — L'histoire occupoit quelquefois les pinceaux du Bronzin; mais plus souvent les Portraits qui lui avoient procuré une grande réputation en Italie. Il passa une partie de sa vie à peindre la famille des Médicis. Le beau Portrait que nous allons décrire étoit une princesse de cette maison : elle est debout, la tête de trois quarts, et sous la plus riche parure, les cheveux frisés avec un ornement; des broderies d'or bordent sa robe de velours violet, que surmonte une fraise blanche, dont les revers découvrent sa poitrine et son cou, orné d'un collier en perles. De la main droite, qu'elle relève vers le milieu du corps, elle tient un mouchoir blanc, et laisse retomber le bras gauche avec grâce. A ses côtés, sur une console, on remarque un petit chien; du côté opposé, on voit un vase de fleurs, posé sur une table recouverte d'un tapis. L'ouverture d'une fenêtre cintrée laisse apercevoir dans le fond une galerie terminée par la vue d'un jardin.

Une dignité imposante siége sur le front admirable et dans l'heureux contour de cette noble figure. B. l. 30, h. 38.

PAR LE MÊME.

123. — Un Portrait de Machiavel. Ce morceau, fort curieux sous les rapports historiques du personnage, représente ce publiciste vêtu d'un justaucorps noir, dont les manches sont ornées de broderies. La tête, d'un ton chaud de couleur, et d'une grande fermeté de pinceau, offre l'expression d'un homme frappé d'une grande idée à la lecture d'un papier qu'il tient des deux mains, et sur lequel on lit l'année 1500. B. h. 32, l. 24.

PAR LE MÊME.

124. — Un Buste de Femme. La tête, vue de trois

quarts, est ornée d'un réseau enrichi de perles; son ajustement est remarquable par la richesse réunie à l'élégance. Une fraise transparente et brodée d'or accompagne son cou, orné d'un collier de perles, et en fait ressortir les belles proportions; elles s'ajustent parfaitement avec la tête, du plus beau caractère, et peintes avec une science admirable de la fonte des tons et de la transparence des demi-teintes. B. l. 15, h. 20.

PAR LE MÊME.

125. — Le pendant du précédent. Même coiffure, même ajustement, à la différence près de la couleur. Ces deux portraits, qui ont un air de famille, représentent probablement les deux sœurs, peintes par le même auteur. B. l. 15, h. 20.

PAR LE MÊME.

126. — Un Buste de Femme. Cette belle figure, d'une couleur et d'un effet admirables, représente une tête d'expression, dont sans doute le grandiose des traits du modèle a donné l'idée au peintre, qui, dans cette savante production, a voulu s'élever au-dessus du genre du portrait. Elle est coiffée d'une toque de velours violet; un voile de mousseline laisse entrevoir sa poitrine, et découvre les bouffettes jaunes qui accompagnent les épaules. B. l. 17, h. 20.

PAR LE MÊME.

127. — Un Portrait représentant une jeune personne réfléchissant sur une lettre qu'elle tient ouverte dans sa main; elle est vue à mi-corps, et de trois quarts. B. l. 8, h. 10.

CALLIARI (*dit* PAUL VÉRONÈSE). *Né en* 1532, *mort en* 1588.

Quoique l'École d'Italie n'offre en partie que des peintres d'histoire, il n'en résulte pas moins entr'eux une grande et curieuse variété, par les divers genres de talents qui les distinguent. Les uns ont mérité les honneurs de la postérité, pour la poésie ou la belle ordonnance de la composition; les autres pour la grâce, la noblesse; d'autres enfin ont su allier les règles de l'art aux beautés réelles et à la vérité de la nature. Le genre de l'histoire étant au-dessus de tous les autres genres de peinture, et celui qui contribue le plus à la civilisation des peuples, il seroit à désirer que le peintre fût toujours historien : mais il n'en faut pas conclure que celui qui auroit manqué aux convenances historiques seroit pour cela un mauvais peintre; car Paul Véronèse, qui n'en observoit presque aucune, ne s'est pas moins élevé à la hauteur des plus fameux maîtres, par la beauté des grandes et nombreuses pages qu'il a créées. Ses laborieux pinceaux ont enrichi la majeure partie des édifices religieux et des palais des états vénitiens, ainsi que les musées et les galeries de l'Europe. Enfin personne encore n'a répandu dans le monde autant de productions que cet homme extraordinaite. Si l'Histoire le repousse pour lui avoir été infidèle, la Peinture le comptera toujours au nombre de ses enfants chéris. Le fameux tableau des *Noces de Cana*, du Musée royal de France, sera toujours un prodige de l'esprit humain, et portera le nom de Véronèse à la dernière postérité; de même que la *Céne* de Milan a immortalisé Léonard de Vinci.

Le manque de fidélité aux convenances historiques n'est pas le seul reproche qu'on puisse faire à ce grand peintre : ses figures manquent souvent de dignité, et ne sont pas toujours à leur place; les draperies surtout sont rarement en rapport avec le sujet. C'est à une sorte de système qu'il avoit adopté, et qu'il a constamment suivi toute sa vie, qu'il faut attribuer ces licences. Son but étoit d'étonner et de fixer l'œil par la belle ordonnance de l'architecture, qui, jointe au fracas et à la richesse des draperies, donne à ses ouvrages un caractère de grandeur tellement imposant, que le spectateur, ébloui par leur aspect, en admire les beautés sans en découvrir les inconvenances; surtout si on ajoute à tant de prestiges la beauté des détails, le large du pinceau et l'exécution pleine d'énergie et d'enthousiasme. Son coloris est des plus brillants, et ses couleurs absolument vierges. Les têtes ont de la vérité et quelquefois même de la grâce; son dessin, sans être élevé, est néanmoins ferme et nourri; et quand il vouloit s'en donner la peine, il ne laissoit pas d'être savant pour rendre les contours, particulièrement des femmes nues; la belle *Danaé* de notre collection en offre la preuve éloquente. Indépendamment de cet admirable tableau dont le relief a quelque chose de surprenant, nous pourrions encore en citer nombre d'autres dans plus d'un genre, qui ne prouvent pas moins en faveur de Véronèse que celui-ci.

128. — Danaé, couchée sur un lit, la tête et les épaules appuyées sur des coussins, est dans la position la plus voluptueuse et dans l'extase du plaisir, rendue avec autant de vérité que de décence; la main gauche laisse échapper des roses, tandis que la droite joue négligemment avec les plis de la draperie qui enveloppe le lit, à travers laquelle pénètre le maître des dieux, métamorphosé en pluie d'or. Il seroit difficile de décrire avec des mots l'effet que produit ce tableau; c'est celui de la nature elle-même; l'illusion est complète. Nous croyons devoir observer que rien n'est plus rare en peinture que les figures nues de la main de ce maître T. l. 55, h. 39.

PAR LE MÊME.

129. — Cléopâtre, livrée au désespoir, a résolu de se donner la mort; une de ses Femmes, placée à gauche du tableau, lui a présenté un aspic renfermé dans un vase; déjà la reine infortunée tient dans sa main gauche, élevée au-dessus de sa tête, l'animal qui doit faire couler le poison dans son sein, et pose la main droite sur son cœur, comme pour indiquer que bientôt la source de la vie sera tarie. La sombre agitation qui la dévore est peinte sur sa physionomie, tandis que l'étonnement et le doute inquiet sont exprimés sur la figure de la suivante. Tableau d'un grand caractère, et du premier ordre de ce maître. T. l. 35, h. 39.

PAR LE MÊME.

130. — Cet admirable Portrait est celui d'un Sénateur vénitien dans son costume, en noir et bordé en rouge; il est représenté à mi-corps et de trois quarts, la tête découverte, la barbe et les cheveux blancs : ce Portrait est si vrai et si vivant, que si Véronèse étoit encore au monde,

on voudroit devoir une seconde vie à ses pinceaux. T. l. 18, h. 24.

PAR LE MÊME.

131. — Un autre Portrait non moins beau que le précédent, quoique d'un genre opposé. L'un représente un vieillard, et celui-ci un petit garçon. Le premier étonne par la verve de l'exécution et le brillant de la lumière, et le second par une vérité admirable, une grande finesse de ton et une exécution du plus précieux fini. Ce jeune adolescent est représenté à mi-corps et aux trois quarts, la tête nue, tenant d'une main un bouquet, et de l'autre un fruit : il est vêtu d'un riche habillement du premier âge. Nous n'avons encore rien vu de semblable de ce maître. T. l. 16, h. 19.

PAR LE MÊME.

132. — Assise sur un trône, et tenant l'Enfant Jésus, la Vierge, accompagnée de saint Joseph, reçoit les hommages du petit saint Jean, élevé sur un piédestal, tenant une croix de la main droite, tandis qu'il a l'autre appuyée sur celle de saint François d'Assise, qui semble solliciter l'intercession du précurseur du Messie auprès de la Sainte Famille : derrière lui on aperçoit une Sainte tenant une palme; à droite, et sur le premier plan, on remarque un Cardinal qui tient un livre, le visage tourné du côté du spectateur. Ce tableau brillant de couleur, et fait au premier coup, nous paroît être le petit d'un plus grand. T. h. 36, l. 24.

PAR LE MÊME.

133. — Un beau Portrait d'une Femme de haute condition, vue à mi-corps et de trois quarts, vêtue d'un riche costume vénitien, brodé en or; les oreilles ornées de bijoux, et les bras d'une parure de perles. T. l. 17, h. 23.

PAR LE MÊME.

134. — Le Portrait d'une jeune Femme de distinction, vue à mi-corps et de trois quarts, la tête coiffée en cheveux, vêtue d'un riche costume de cour. B. l. 8, h. 10.

PAR LE MÊME.

135. — *Intérieur d'une Maison*, dans laquelle des femmes sont occupées à divers travaux; une file, une autre coud le linge, une troisième brode au tambour, une autre enfin, à droite du tableau, fait de la toile. Dans le fond, on aperçoit un buffet et plusieurs ustensiles de ménage et un grand tableau attaché à la muraille, représentant un Ermite ayant une vision. T. l. 39, h. 28.

ATTRIBUÉ AU MÊME.

136. — Un grand tableau, où l'on voit à droite saint Roch recevant les hommages du doge de Venise, pour avoir guéri la peste qui désoloit cette ville; à gauche, les sept Vertus théologales, qui font élever un monument à ce saint, en reconnoissance de cet événement. T. l. 196, h. 82.

PAR LE MÊME.

137. — Un charmant Portrait, représentant une jeune et jolie Femme de distinction, vue à mi-corps et de trois quarts, dans un riche costume brodé, le cou garni d'une colerette, la tête parée d'une couronne de fleurs. B. l. 11, h. 15.

PAR LE MÊME.

138. — Un Portrait de Femme de distinction, vêtue d'un riche costume vénitien, coiffée en cheveux, le cou et les oreilles parés de perles. T. l. 18. h. 24.

VERONÈSE (CARLETTI), FRÈRE DU PRÉCÉDENT.

139. — Une grande composition, représentant une *Adoration des Rois*. La Vierge est assise au milieu de la scène; elle offre son divin enfant à la vénération des rois mages. T. l. 30, h. 35.

TINTORET. *Né en 1512, mort en 1594*.

140. — Composition d'un grand nombre de figures représentant notre Seigneur portant sa croix et conduit au Calvaire. Jésus-Christ succombe sous le fardeau qu'il

porte; on lui donne un homme pour l'aider; pendant ce temps sainte Véronique prosternée essuie la figure du Sauveur inondée de sueur et de sang. T. l. 51, h. 35.

MAURANDINI (François). *Né en 1544, mort en 1609.*

141. — *Le Martyre de sainte Christine.* La sainte est représentée au milieu du tableau, à genoux, les mains jointes, l'auréole sacrée brille sur sa tête, et sa fermeté encourage au martyre un grand nombre d'autres saintes femmes, de religieux et de prélats, que l'on voit à gauche du sujet, et dont plusieurs ont déjà payé de leur vie leur profession de foi. A gauche, des soldats, parmi lesquels on remarque un Africain, tirent à coups de flèches sur leurs victimes. Au dessus le ciel est ouvert, et des troupes d'anges au milieu de la gloire céleste présentent aux défenseurs de la foi la couronne et la palme du martyre. T. l. 27, h. 42.

PONTORME (Jacomo). *Né en 1493, mort en 1558.*

142. — L'Enfant Jésus placé debout sur les genoux de sa mère met un anneau au doigt de sainte Catherine qui le reçoit avec un pieux ravissement en portant sa main gauche sur son cœur. Derrière la sainte Vierge, à gauche du tableau, on voit saint Joseph appuyé sur un bâton considérant attentivement cette scène, connue sous le nom de Mariage de sainte Catherine. Tableau bien conservé. B. h. 30, l. 21.

LES CARACHE.

Ils étoient plusieurs, Louis, Annibal, Augustin et Antoine. Cette illustre famille d'artistes, et qui a laissé aux beaux arts des souvenirs si glorieux, naquit à Bologne: Louis étoit l'aîné et le plus instruit; non seulement il leur a montré à tous la peinture, mais il étoit encore leur mentor jusque dans leurs affaires particulières. Annibal est le plus fier et le plus grand dans ses ouvrages; la célèbre Galerie de Farnèse, l'une des plus belles et des plus considérables de l'Italie, a immortalisé son nom, et sera toujours considérée comme un des beaux triomphes de la peinture. Néanmoins, si son neveu, Antoine, fils naturel d'Augustin, lui avoit survécu, il est à présumer qu'il l'auroit surpassé : nous citerons à l'appui de notre opinion, la belle Descente de croix de la galerie de M. le chevalier de Bonnemaison. Ces zélés artistes, non moins passionnés pour leur art que dévoués à ses progrès, voulant en approfondir toutes les connoissances, parcoururent toute l'Italie, pour examiner et étudier les ouvrages des grands maîtres. Ceux du Corrége fixèrent particulièrement leurs regards : ils ne purent résister aux charmes innovateurs de ce grand peintre qui fixa pour toujours leur goût et leur manière. Enfin, de retour à Bologne, ces grands hommes, plus jaloux de la prospérité de l'art que de leur propre gloire, formèrent entre eux une importante École de peinture dans leur ville natale, et en furent les premiers professeurs. Ce bel établissement public ressembloit plutôt à un musée national qu'à une école d'enseignement pour les beaux arts. On y voyoit des statues et des bas-reliefs antiques, des tableaux, des armures, et les plus beaux modèles vivants. C'est au milieu d'une réunion si précieuse que les immortels Carache, secondés par des anatomistes et autres savants de toute espèce, donnoient publiquement leurs leçons, entourés de leurs élèves, disons plutôt de leurs enfants; mais toujours avec ce noble désintéressement qui distingue les grands artistes.

Les Carache avoient, à quelques nuances près, le même talent. Leur dessin est grand, quelquefois gracieux et sévère de contours, le coloris et les expressions n'ont rien d'extraordinaire : on peut juger de leur bonne méthode d'enseignement par les nombreux et savants élèves qui ont été formés dans leur école. Pour suivre l'ordre de notre catalogue, et la description de leurs ouvrages, nous commencerons par Louis, l'aîné de cette famille, l'auteur de l'un des tableaux des plus capitaux de notre collection, représentant une Prédication de saint Jean dans le désert.

CARACHE (Louis). *Né en* 1555, *mort en* 1619.

143. — Grande composition dans laquelle on compte des figures capitales, non moins savantes dans leurs dis-

tributions, que variées de costumes et d'attitudes. On les voit debout, groupées autour de ce saint personnage, également debout avec sa croix, à l'ombre d'une masse d'arbres, montrant le ciel d'une main, et de l'autre se pressant la poitrine; il annonce à ses auditeurs l'arrivée du Messie. Ceux-ci écoutent avec surprise et étonnement les paroles éloquentes du saint précurseur. On remarque particulièrement à gauche du premier plan, un jeune homme dans une barque, qui aborde à la rame le rivage; cette figure, d'un beau caractère, se détache des autres par un coup de lumière d'un grand effet. T. l. 76, h. 51.

PAR LE MÊME.

144. — Sainte Madeleine entièrement nue est assise sur un rocher; de longues tresses de cheveux blonds flottent sur son corps; elle a les mains jointes et s'appuie légèrement sur le bras gauche. L'expression de sa figure est celle du repentir et de la componction; elle médite péniblement sur les vanités qui l'ont trop long-temps abusée, et ses yeux tournés vers le ciel semblent du moins espérer le pardon qu'elle implore. T. l. 34, h. 52.

CARACHE (Annibal). *Né en* 1560, *mort en* 1609.

L'histoire de la peinture nous apprend que les Carache faisoient de nombreuses études d'après les grands maîtres, surtout Annibal. L'important tableau que nous avons sous les yeux, et dont nous allons donner une description, est incontestablement une imitation de *la Vierge, à la chaise* de Raphaël, par Annibal Carache.

145. — Ce tableau, de forme ronde, offre au milieu de la scène la Vierge assise, qui tient dans ses bras et presse contre son sein son Fils endormi; sa tête est penchée sur celle de l'enfant, dont la figure céleste rappelle les plus belles productions de Raphaël; à droite, saint Joseph, et à gauche, le jeune saint Jean, considèrent en silence le sommeil de l'Enfant divin, et semblent craindre de le réveiller. B. 38.

PAR LE MÊME.

146. — Une Figure d'étude, d'une grandeur de forme

et d'un caractère admirable, qui a servi au Carrache pour être placée dans un tableau d'une *Fuite en Égypte* : elle représente un Ange tenant une longue perche, avec laquelle, s'appuyant sur le bord du rivage, il semble pousser avec effort une barque au moment où elle va s'en éloigner, portant la Sainte-Famille. T. l. 34, h. 52.

PAR LE MÊME.

147. — Une *sainte Madeleine*; elle est vue à mi-corps, sur un fond obscur; ses cheveux retombent en larges boucles sur ses épaules et son sein nus; ses mains croisées sur sa poitrine, et l'expression sublime de sa figure peignent avec vérité son repentir et l'espoir du pardon. Tableau remarquable par la beauté du coloris, la finesse de la touche, et la correction du dessin. Ovale dans une toile carrée, h. 25, l. 20.

PAR LE MÊME.

148. — Un *jeune Joueur de toupie* : le corps baissé, il vient de relever son jouet, qu'il observe pivotant dans sa main. Cette production rappelle la manière savante du chef célèbre de son école. T. l. 19, h. 24.

PAR LE MÊME.

149. — Deux Vieillards amoureux surprenant la chaste Susanne au bain, dans un lieu solitaire; elle est entièrement nue, et rien ne cache ses charmes les plus secrets à leurs regards luxurieux; un d'eux porte déjà sur elle sa main desséchée; elle va fuir, et son innocence doit échapper à leur complot. Rien de plus gracieux que cette jolie composition, que la fraîcheur du coloris rend plus séduisante encore; belle esquisse terminée. T. l. 13, h. 15.

CARACHE (Augustin). *Né en 1557, mort en 1605.*

150. — Esquisse terminée du grand tableau de ce maître, représentant la *Communion de saint Jérôme*. Ce tableau, qui a beaucoup de rapport, et qui a presque servi de modèle à celui du Dominiquin sur ce même sujet, présente néanmoins des différences très sensibles et peut-être plus de charme dans la composition; l'expression, le ca-

ractère des têtes et le mouvement des figures y sont admirables. C. l. 12, h. 19.

PAR LE MÊME.

151. — Notre Seigneur mort, prêt à être mis dans le tombeau. La sainte Vierge soutient le corps dans ses bras, et la tête de son Fils est penchée sur son sein; quatre figures d'Anges entourent le sépulcre, et tiennent à leur main les insignes de la Passion, l'éponge, la couronne, les clous et la lance; le corps est d'un beau dessin, et les figures sont touchées avec esprit. C. h. 16, l. 11.

ATTRIBUÉ AU MÊME.

152. — La Vierge assise, tenant l'Enfant Jésus sur ses genoux, qui donne à boire au petit saint Jean. T. l. 21, h. 24.

CARACHE (ANTOINE). *Né en* 1583, *mort en* 1618.

153. — La femme adultère est amenée devant Jésus; il est assis sur une estrade élevée dans l'enceinte du temple. Les regards tournés vers le ciel, n'opposant rien pour sa défense contre ses accusateurs, elle n'attend plus que son arrêt : les Docteurs de la loi, présens, demandent sa condamnation; mais le divin Sauveur, à leur grand étonnement, va prononcer ces paroles : *Allez, ne péchez plus.* T. l. 27, h. 21.

GOBO DE CARACHE.

154. — Composition charmante de ce maître, remplie sur tous les plans d'une foule de figures dans les attitudes les plus pittoresques; sur le devant, à gauche du sujet, des villageois et des villageoises assis causent, et se font l'amour; vers la droite, une troupe joyeuse d'hommes et de femmes dansent, et expriment, par la vivacité de leurs mouvements et l'énergie de leurs attitudes, la gaîté bruyante qui les anime; dans le fond, sur une espèce de place publique, des baladins exécutent quelque parade sur des tréteaux, et des groupes nombreux s'amusent à les regarder, ou forment des danses en rond; enfin, le long d'un chemin qui s'élève en forme de terrasse, sur la

gauche, des militaires, portant un drapeau et jouant des instrumens, ferment une espèce de marche. La touche de ce tableau est fine et spirituelle, le feuillé léger et transparent, et sa conservation est entière. T. l. 24, h. 19.

ZAMPIERI (*dit* LE DOMINIQUIN). *Né en* 1581, *mort en* 1656.

Les annales de la peinture n'offrent pas d'exemple aussi extraordinaire que celui de l'artiste célèbre dont nous allons nous occuper : c'est contre toutes les probabilités que le Dominiquin est parvenu au degré éminent qui lui a mérité le titre du plus grand peintre du seizième siècle.

Il avoit montré peu de dispositions naturelles dans ses premières études; la pesanteur de ses organes sembloit devoir l'arrêter dès l'entrée de la carrière; mais son amour pour la peinture, et sa persévérance dans le travail, suppléèrent à tout ce que la nature lui avoit refusé.

Ce fut au zèle infatigable des Carache, ses illustres maîtres, autant qu'à leur célèbre académie de Bologne, dont ils étoient les fondateurs à la fois et les professeurs, que le Dominiquin dut sa haute réputation dans les arts. Ce superbe établissement, comme nous l'avons déjà dit, ressembloit plutôt à un musée national qu'à une école de peinture, par la quantité de monuments, tant antiques que modernes, qu'il offroit en tout genre.

Au milieu de cette précieuse réunion, l'élève trouvoit tout ce qui pouvoit exercer ses crayons, développer ses facultés, échauffer son imagination.

Aussi vit-on ce grand homme, vainqueur de tous les obstacles, s'élever tout à coup, comme un brillant météore, au milieu de ses rivaux étonnés de son élan sublime. Tel l'astre du jour perce et dissipe les nuages qui s'opposent à sa puissance, et sort enfin radieux du milieu des vapeurs qui obscurcissoient sa clarté renaissante.

En effet, la célèbre *Communion de saint Jérôme*, l'un des plus beaux tableaux du monde, et les angles du dôme de Saint-André à Rome, fixèrent sur la tête du Dominiquin la couronne de l'immortalité.

Si toutes les parties qui composent ces savants ouvrages

ne sont pas également belles, on conviendra du moins que les expressions en sont sublimes, le dessin correct, d'un grand goût, les attitudes nobles et décentes. Ses fresques surtout sont les plus belles de l'Italie, et ses paysages, les plus distingués entre tous ceux des peintres d'histoire, ses contemporains.

Encore que les ouvrages de ce grand homme soient d'une extrême rareté, nous avons, à notre grande satisfaction, l'avantage d'en compter plusieurs dans notre collection; mais bornons-nous à citer celui qui doit particulièrement fixer l'attention des connoisseurs.

Le sujet est Joseph et Putiphar, morceau dont rien n'égale la beauté des mouvements, la vie et le contraste des expressions. Cette femme, tout entière à sa passion effrénée, est assise hors de son lit, couverte à peine d'une simple chemise : elle saisit d'une main le manteau, et de l'autre le bras de Joseph, qui cherche à se soustraire à ses impudiques désirs; tout en fuyant, il la regarde avec une noble fierté, où se mêle à la fois l'indignation et le mépris.

155. — Irritée dans ses désirs par la résistance du jeune Joseph, dont elle a alarmé la pudeur, la femme de Putiphar s'est élancée hors du lit; et, d'une main, retenant par le bras celui qui est devenu l'objet de sa passion, elle a, de l'autre main, saisi son manteau que le bel adolescent s'empresse de lui abandonner, pour se dérober à une violence qui ne lui inspire que du mépris : cette sorte de sentiment est admirablement exprimé dans la tête de Joseph, sans rien ôter à la beauté de ses traits, ni à la fraîcheur et aux grâces de la jeunesse répandues sur son visage : rien de plus expressif que la pantomime de cette scène pleine de mouvement, et où règne un beau désordre. Cet admirable tableau des expressions et des beaux mouvements, est encore bien conservé. T. l. 24, h. 18.

PAR LE MÊME.

156. — Figure allégorique représentant Uranie, une des neuf Muses, qui préside à l'astronomie et aux sciences abstraites : elle est assise auprès d'une table sur laquelle est placée une sphère céleste, tient un compas dans sa main droite, et semble de l'autre expliquer les phéno-

mènes de la nature. Tableau d'un coloris brillant et d'une composition gracieuse. T. l. 28, h. 39.

PAR LE MÊME.

157. — *Sainte Madeleine*, de grandeur naturelle et vue debout, tient dans ses mains une tête de mort posée sur un livre; ses regards se portent vers le ciel, et elle paroît méditer profondément sur les vanités humaines qui la séduisirent si long-temps et auxquelles elle a renoncé pour toujours. Tableau bien conservé, d'une belle couleur, et d'un grand caractère. T. l. 35, h. 41.

PAR LE MÊME.

158. — Un Paysage d'un style élevé, sujet mythologique. A gauche, sur le premier plan, la déesse de la chasse, armée d'un javelot, s'avance vers un Faune : il est assis non loin d'une rivière, où vont s'abreuver divers troupeaux errant çà et là dans la prairie. Des lointains d'arbres d'une composition pittoresque terminent le fond de ce tableau où règne un ton mystérieux de couleur. T. l. 17, h. 11.

PAR LE MÊME.

159. — *L'Apothéose de saint Charles Borromée.* Il s'élève vers le ciel, au milieu d'une gloire; on voit à ses côtés deux Anges, dont l'un porte la croix, et l'autre la mitre épiscopale. C. l. 12, h. 13.

ATTRIBUÉ AU MÊME.

160. — Une Chasse au cerf dans un paysage, sujet mythologique : à gauche, sur le premier plan, on remarque des chasseurs armés de lances qu'ils dirigent sur un cerf aux abois, et succombant sous les morsures d'une meute, tandis que des Amours saisissent, en voltigeant, le bois de cet animal. A droite, des chiens guidés par un enfant ailé, semblent accourir pour le même objet : un beau groupe d'arbres occupe le milieu. Sur un plan plus éloigné, à droite, on distingue un cavalier accompagné d'un autre chasseur. L'intervalle qui sépare des masses d'arbres bien distribués, laisse apercevoir dans le lointain de belles montagnes baignées par le cours sinueux d'une rivière. Ce

paysage est d'un grand style et d'une exécution large. T. l. 35, h. 18.

LE GUERCHIN (DA CENTO). *Né en* 1590, *mort en* 1666.

Après avoir étudié quelque temps son art sous deux peintres médiocres, le Guerchin, frappé de la haute réputation des Carache et des grands élèves qu'ils avaient déjà formés, se détermina en faveur de ces derniers, et fut prendre place sur les bancs de leur célèbre académie de Bologne, dans laquelle il acheva de se perfectionner. Néanmoins il ne suivit pas entièrement leur manière; on pourroit même dire, au contraire, qu'il affectionnoit plus particulièrement les ouvrages du Caravage que ceux de ces derniers maîtres, les Carache, dont il ne conserva ni la noblesse ni la grâce, tant étoit extrême son admiration pour les ouvrages de ce grand coloriste, qu'il suivit dans ses beautés et jusque dans ses défauts. Ainsi que son nouveau guide, le Guerchin s'attacha principalement à étonner l'œil par de grands effets, de savantes oppositions de masses d'ombre contre des lumières larges et brillantes : ajoutons encore, à ces ingénieuses inventions du mécanisme de la peinture, un grand dessin, un coloris plein de force et de vigueur, et on trouvera dans les productions de ce peintre ce beau clair obscur qui donne du ressort aux figures, et au sujet, un caractère à la fois imposant et grand de vue. C'est ainsi que le Guerchin arriva à la célébrité sans avoir connu les grâces du Corrége, la noblesse de Raphaël, ni la majesté de Léonard de Vinci. La nature, non pas idéale, mais telle qu'on la voit, fit seule la gloire et la fortune de ce grand artiste. Pour bien se convaincre de la célébrité du Guerchin, il faut voir ses grands ouvrages de son bon temps, et soigneusement exécutés; telle est la belle Assomption dont nous allons donner la description.

161. — *L'Assomption de la sainte Vierge.* Portée sur des nuages, environnée des messagers de la hiérarchie céleste, la reine du ciel s'élève majestueusement vers le bienheureux séjour où elle semble déjà voir la place qui

lui est préparée près de son divin fils. Des chœurs mélodieux, exécutés par des Anges, semblent préluder aux joies ineffables de la céleste Jérusalem. T. l. 72, h. 94.

PAR LE MÊME.

162. — Sainte Cécile vue debout, grandeur naturelle, un peu plus qu'à mi-corps, vêtue d'une robe rouge agrafée d'une ceinture à pierreries; elle chante les louanges du Seigneur et s'accompagne d'un violon. Tableau plein d'expression et de vérité. T. h. 37, l. 31.

PAR LE MÊME.

163. — Tête de notre Seigneur au moment où il prioit dans le jardin des Oliviers; il tient en sa main le calice d'amertume qu'il a voulu boire pour le salut des hommes; on aperçoit sur ses bords la queue d'un serpent mort, dont la tête est cachée au fond; symbole du péché. T. l. 18, h. 23.

GUIDO (RENI). *Né en* 1575, *mort en* 1642.

Nous ne partagerons pas l'opinion de quelques écrivains peu instruits dans la connoissance des arts, et qui ont témérairement avancé que le Guide, l'un des plus beaux et des plus aimables génies de la célèbre école des Carache, étoit un peintre plus galant qu'historien dans ses ouvrages. Nous dirons, au contraire, que les pinceaux de cet admirable artiste ont quelque chose de divin. Plus heureux qu'aucun de ses contemporains, il sut, par un savant calcul, allier la beauté et la noblesse des formes aux charmes séduisants de l'art; il est peu de peintres qui aient laissé autant de preuves éloquentes de capacité, ni reçu de leur vivant des éloges plus flatteurs, plus glorieux et mieux mérités que le Guide. On admirera toujours la douceur, la grâce et la poésie qui règnent dans ses belles productions; le grand goût des draperies, et surtout la pureté de dessin des extrémités, qu'il conserva toujours malgré l'inconstance de ses diverses manières. Il est pourtant vrai de dire que la déplorable passion du jeu mit souvent notre artiste aux prises avec l'honneur, et comme il en étoit rempli, il se trouva plus d'une fois dans la triste nécessité, pour payer ses dettes, de faire des ouvrages indignes de ses pinceaux et de sa réputation.

164. — Parmi les tableaux de la main de ce maître, qui se trouvent dans notre Collection, nous nous arrêterons plus particulièrement sur l'un d'eux, représentant saint Pierre et saint Paul, dans lequel le Guide s'est élevé au-dessus de lui-même, par la grandeur et la beauté des formes, le beau caractère du dessin et le large des draperies. Ces deux grands défenseurs de la foi sont placés, l'un et l'autre, aux deux extrémités du tableau : saint Paul est assis à droite, tenant d'une main un livre sur ses genoux, et de l'autre son épée renversée, et semble improuver une lecture que lui donne saint Pierre, debout en sa présence. En effet, ce saint personnage parcourt un livre qu'il tient d'une main, et soulève de l'autre un pan de sa robe, et tient en même temps la clef du séjour des bienheureux. Ce tableau, du plus beau temps et de la plus belle manière du Guide, est digne de figurer dans tous les musées de l'Europe. T. l. 76, h. 54.

PAR LE MÊME.

165. — *Le Repos de l'Amour :* il est couché sur un lit orné de draperies. A l'aspect imposant de cet enfant qui sommeille, mais non du sommeil de l'innocence; à cette noblesse qui se peint dans ses traits, cette attitude qui annonce sa puissance, ne reconnoissez-vous pas le dieu qui soumet tout à son empire? ses beaux yeux ne semblent couverts que d'un voile transparent; à travers ces longues paupières vous croyez voir les aimables Songes dont la troupe légère caresse son imagination; l'Enfant cruel semble déjà rêver les coups qu'il prépare.... Qui que vous soyez, craignez son réveil! le dieu qui tourmente nos âmes va bientôt reprendre son arc et son carquois.

Que cette pensée du Guide est admirablement exprimée dans ce tableau! Parfaitement conservé. T. l. 51, h. 39.

PAR LE MÊME.

166. — Lucrèce, à demi nue, le sein découvert, se perce d'un poignard, ne voulant pas survivre à l'injure

qu'elle vient de recevoir; la tête est surtout remarquable par une grande beauté d'expression et la grâce des contours. Forme ovale. T. l. 29, h. 37.

PAR LE MÊME.

167. — Cléopâtre ne pouvant survivre à son désespoir, se donne la mort en se faisant piquer le sein par un aspic; elle paroît déjà agitée de convulsions violentes, et sa physionomie exprime, avec une effrayante vérité, la pénible situation de son âme, et l'horreur de ses derniers moments. T. l. 26, h. 33.

PAR LE MÊME.

168. — Un très beau buste de vieillard, vue de trois quarts, la tête courbée, la barbe et les cheveux blancs, et éclairée par une lumière qui vient d'en haut. T. l. 14, h. 18.

PAR LE MÊME.

169. — Saint Jérôme assis, dans l'intérieur d'une grotte, devant un Crucifix, a la tête appuyée sur sa main droite, et tient sa plume de la gauche. Ce saint personnage, dans l'attitude de la réflexion, paroît méditer profondément sur un livre ouvert devant lui, et placé sur une tête de mort. Cette belle production est remarquable par l'harmonie et le grand caractère. T. l. 63, h. 49.

ÉCOLE DU GUIDE.

170. — *L'Adoration des Bergers.* Ils entourent l'Enfant Jésus placé dans une crèche; sa mère, les mains jointes, est vis-à-vis de lui; au-dessus, deux Anges tiennent une bandelette, où est inscrit le *Gloria in excelsis.* T. forme octogone, diamètre 26.

MÊME ÉCOLE.

171. — *La sainte Vierge et l'Enfant Jésus :* celui-ci est couché, endormi, les jambes croisées, le bras gauche étendu, l'autre alongé sur le côté droit; sa mère le considère avec tendresse, et le recouvre légèrement d'un pan de la layette. T. l. 23, h. 29.

GUIDO (GAGNACCI).

172. — *Loth et ses Filles.* L'une d'elles, dans une attitude voluptueuse, excite ses désirs incestueux, tandis que l'autre remplit la coupe, au fond de laquelle le vieux patriarche laisse sa raison T. l. 33, h. 25.

ALBANE. *Né en* 1578, *mort en* 1660.

Ce peintre des grâces a essentiellement consacré ses pinceaux au culte de Vénus et aux amours. Ses ouvrages sont tellement enchanteurs, que tous les amateurs de l'Europe voulurent en posséder, comme des objets de mode, ce qui contribua beaucoup à la décadence du beau style de la peinture; car, il faut le dire, l'Albane, dont nous admirons d'ailleurs les talents, fut le seul des élèves des Carache qui ne suivit pas la belle et grande manière de ses maîtres. On peut avec raison lui reprocher d'avoir trop souvent sacrifié les grands principes de l'art aux charmes séduisants de la volupté dans ses productions, où il introduisoit des épisodes ingénieuses et même poétiques, mais toujours dans le but de plaire. Si ses nombreux tableaux ne sont pas également beaux, ils sont du moins toujours aimables dans toutes les parties qui les composent, et ses compositions respirent partout les délices de la vie humaine. Nous citerons, à la gloire de cet artiste, quatre magnifiques tableaux qui seuls lui assignent un premier rang dans la peinture, représentant les quatre Éléments; ils ornent la riche collection de M. Erard. Dans ces magnifiques compositions, l'auteur, par de nobles efforts, est parvenu à s'élever au-dessus de lui-même.

173. — Deux tableaux, sujets allégoriques, et un peu énigmatiques, que nous croyons cependant représenter l'un les Sciences occultes, les Secrets de la magie noire, figurés par une Femme à demi nue, faisant une libation de sang sur une épée rouge, dont la pointe est appuyée sur une tête de mort et des ossements humains à ses pieds. On remarque un vase d'or, un masque, un gobelet et des tenailles; dans le fond une forge allumée, dont l'Amour

souffle le feu. L'autre représente les Sciences naturelles et les merveilles de la nature, figurées par une belle Femme, dont le sein est découvert; elle tient une perle d'une main, et le temps lui présente un bouton de rose près d'éclore, en indiquant dans le lointain le soleil, comme la cause productive et conservatrice à laquelle tout ce qui est créé doit l'existence.

PAR LE MÊME.

174. — Amphitrite vêtue d'une robe bleue, attachée au-dessous du sein, et d'une draperie légère, jetée sur ses épaules nues, et flottant au gré du vent, est portée sur l'onde dans une coquille traînée par des dauphins; derrière elle, des Tritons jouent de la cornemuse; du côté opposé, des Amours réunis sur le bord du rivage se disputent des coquillages et des branches de corail.

ATTRIBUÉ AU MÊME.

175. — Un sujet historique, représentant Salmacis et Hermaphrodite; l'un et l'autre a une jambe dans l'eau, dans une attitude voluptueuse et nue. Ce tableau paroît être une répétition du maître. T. l. 26, h. 22.

ÉCOLE DE L'ALBANE.

176. — Une grande composition mythologique, dans laquelle on voit Vénus sur les eaux, dans un char traîné par des monstres marins; des Tritons, des Amours et autres figures analogues au sujet, enrichissent cet agréable tableau. T. l. 72, h. 48.

MÊME ÉCOLE.

177. — *La Toilette de Vénus*; composition de sept figures capitales. Cet agréable tableau pourroit être une répétition du maître. T. l. 36, h. 28.

MÊME ÉCOLE.

178. — Un Faune assis au pied d'un arbre, faisant danser des Amours au son d'une cornemuse. T. l. 16, h. 20.

SCHIDONE. *Mort en* 1615.

Sorti comme tant d'autres habiles élèves de cette célèbre école dite des Carache, à Bologne, si féconde en grands peintres, le Schidone suivit, à l'exemple de ses maîtres, la belle manière du Corrége, dont il fut toujours le fidèle imitateur, et l'approcha tellement, que les amateurs les plus éclairés confondent souvent les ouvrages de l'un avec ceux de l'autre. Cependant le coloris de Schidone est plus vigoureux, mais moins transparent, moins céleste que celui du Corrége; du reste, les ouvrages de cet aimable imitateur offrent un charme irrésistible; on y trouve une grâce, une vie et une touche ravissante; une exécution admirable et un clair-obscur des plus savants; telles sont les beautés qui distingueront toujours le Schidone des peintres ordinaires, et le feront rechercher des véritables connoisseurs de la bonne peinture.

179. — *La Sainte-Famille.* La sainte Vierge, assise à l'ombre d'un arbre, et vue de profil, est vêtue d'une tunique rouge et d'un long manteau bleu largement drapé; elle tient l'Enfant Jésus dans ses bras; un Ange est près d'elle sur le second plan, et plus loin saint Joseph, appuyé sur une table, tient un livre dans lequel il lit. Tableau plein de grâce et de vigueur. T. l. 14, h. 18.

PAR LE MÊME.

180. — Dans un paysage ombragé d'arbres, une vingtaine de petits Amours sont groupés autour d'un âne; l'un lui tire la queue, un autre les oreilles, un troisième est monté dessus, et les autres prennent plus ou moins de part à ce plaisir enfantin. B. l. 25, h. 13.

PAR LE MÊME.

181. — Vénus, couchée sur une draperie blanche, est endormie au milieu des Amours, qui cueillent des fleurs et forment des guirlandes pour orner son lit champêtre. Une draperie rouge accrochée à un tronc d'arbre ombrage sa figure, et près d'elle un Satyre, à demi caché dans le feuillage, semble vouloir la lutiner. B. h. 13, l. 25.

PAR LE MÊME.

182. — *Saint Jean-Baptiste.* Il est vu à mi-corps, revêtu d'un manteau rouge, ses bras sont croisés sur sa poitrine, et il tient une croix de roseaux, d'où pend un philactère sur lequel est écrit : *Parate viam Domini.* Tableau d'une riche couleur et bien conservé. T. l. 17, h. 21.

PAR LE MÊME.

183. — Un Enfant nu, couché, endormi sur une tête de mort, image de la vie humaine, ou les deux points extrêmes de l'existence; le sablier que l'on remarque à droite marque la durée du temps qui s'écoule entre ces deux points. Tableau d'un dessin pur et d'une belle couleur; le tout se détache sur un fond obscur et monochrome. B. l. 17, h. 15.

JOSEPIN. *Né en* 1570, *mort en* 1640.

184. — La Foi, armée pour la défense de la Religion, représentée par un saint Georges armé de toutes pièces, muni du bouclier sacré, terrassant l'Idolâtrie sous la figure d'un monstre : dans le lointain, l'Erreur sous les traits d'une jeune femme, s'enfuit en courant. Ovale. C. l. 5, h. 6.

PAR LE MÊME.

185 et 186. — Deux précieux petits tableaux, l'un représente saint Georges à cheval, armé pour la défense de la Foi, et terrassant l'Idolâtrie sous la figure d'un monstre. Dans le lointain, sous les traits d'une jeune femme, l'Erreur s'enfuit.

L'autre, saint Martin également à cheval, donnant à un pauvre la moitié de son manteau, symbole de l'aumône. C. l. 5, h. 6.

DOLCI (Carlino). *Né en* 1616, *mort en* 1686.

Si la Hollande se glorifie, avec raison, d'avoir donné le jour au célèbre Gérard Douw, l'Italie à son tour peut citer avec le même orgueil le divin Carlino Dolci, non moins précieux d'exécution; mais plus noble, plus gracieux, et plus grand coloriste que le peintre hollandois. Les beaux ouvrages de Dolci touchent à la perfection, et jouiront d'une plus longue célébrité : son dessin est correct et d'un beau caractère ; son pinceau flou sans mollesse, et ses contours fermes sans dureté. Enfin, cet admirable peintre possédoit, sans contredit, tous les secrets de la peinture. Rien surtout n'égale la beauté céleste de ses Vierges qu'il peignoit ordinairement à mi-corps ; et s'il ne s'est pas livré davantage à un grand genre historique, ce n'est pas manque de génie ; il en a donné des preuves dans plusieurs tableaux composés, qui ne sont pas moins dignes de sa réputation. Nous citerons ceux de la galerie de M. le comte de Portalès, et particulièrement celui de notre collection que nous présentons sous ce numéro, et qui y occupe un rang distingué.

187 et 188. — Il représente le *Martyre de saint André.* Sur le devant du tableau, à droite, un des bourreaux, les jambes et les bras nus, prépare la croix : un peu plus loin, le saint vieillard à genoux, vêtu d'une tunique bleue et d'un manteau d'écarlate, exprime, par son geste et la sérénité de sa figure, le calme de son âme et sa pieuse résignation. De nombreux soldats entourent le lieu où se passe la scène ; le ciel est pur comme le cœur du vertueux patriarche ; et déjà l'auréole sacrée brille au-dessus de sa tête. Cuivre oval. l. 18, h. 23.

Le revers du tableau offre une double peinture du même artiste non moins précieuse ; elle représente aussi *saint André* debout, tenant dans ses mains l'instrument de son supplice ; ses yeux sont tournés vers la Divinité ; il jouit de la béatitude céleste. Ce tableau du premier ordre du maître, joint à la force du coloris, la beauté des expressions, et une conservation parfaite. Ovale. C. l. 17, h. 23.

PAR LE MÊME.

189. — *Sainte Catherine.* Elle est représentée à mi-corps, vêtue d'une tunique verte brodée de fleurs, le cou découvert, et de longs cheveux blonds descendent en tresses sur ses épaules ; sa tête est inclinée sur un fragment de roue, instrument de son supplice, qu'elle tient dans ses bras. Sur une table qui lui sert d'appui, le peintre a placé

la couronne du martyre. Ce tableau savant d'exécution et bien éclairé, est encore plein de grâce et de noblesse. T. h. 30, l. 25.

PAR LE MÊME.

190. — *David vainqueur de Goliath*, debout dans un paysage, vu jusqu'aux genoux, tenant d'une main son épée sur son épaule, et de l'autre, la tête du général philistin. Ce tableau d'une grande finesse d'exécution, est encore d'une belle couleur et d'un beau caractère. T.

PAR LE MÊME.

191. — La Vierge, au milieu d'une gloire, apparoît à saint François, et lui présente l'Enfant Jésus : le saint agenouillé reçoit avec respect ses caresses enfantines. A gauche, un religieux du même ordre, et dans la même attitude, partage l'insigne faveur de cette celeste apparition. Cuivre, l. 10, h. 14.

PAR LE MÊME.

192. — *Une Annonciation.* A droite du tableau, l'ange Gabriel s'incline devant la Vierge assise du côté opposé, et lui annonce qu'elle concevra par l'opération du Saint-Esprit, que l'on aperçoit au haut sous la forme d'une colombe. Les deux figures sont vues à mi-corps, et se détachent sur un fond obscur. T. l. 11, h. 8.

PAR LE MÊME.

193. — Petit tableau d'un fini précieux représentant une tête de saint François en extase. B. l. 8, h. 10.

CANALETTI.

194. — *Ruine de Monuments romains.* Un pont de bois rustique jeté sur une petite rivière, lie les premiers plans aux seconds, et conduit à un ancien arc de triomphe. T. l. 19, h. 12.

PAR LE MÊME.

195. — *Autre Ruine d'un Arc de Triomphe romain*, au-dessous duquel on aperçoit un temple. Ces deux tableaux,

ornés de petites figures très spirituellement touchées, sont des meilleurs de ce maître. T. l. 19, h. 12.

CANALETTI (Antoine).

196. — Vue du Palais du Doge à Venise, et d'une partie de la place Saint-Marc. T. l. 32, h. 24.

PAR LE MÊME.

197. — Vue prise sur le Grand-Canal à Venise. T. l. 32, h. 24.

PAR LE MÊME.

198. — Deux jolis tableaux faisant pendant, d'un goût exquis et d'un effet des plus piquants, représentant deux des principales places de Venise, bordées par de riches monuments, et enrichies d'un grand nombre de figures, distribuées avec art sur les divers plans de la composition. T. l. 17, h. 11.

PAR LE MÊME.

199. — *Une Vue de Venise*, représentant, à gauche, une partie du Palais du Doge et de la place Saint-Marc; dans le fond l'église Saint-Théodore, et quelques autres monuments.

PAR LE MÊME.

200. — *Autre Vue de Venise*, prise sur le Grand-Canal, faisant pendant du précédent. B. l. 10, h. 7.

BAROCHE. *Né en* 1528, *mort en* 1612.

Voici encore un peintre qui souvent emprunta les charmes et la grâce des ouvrages du Corrége pour embellir les siens: tel est du moins le caractère frappant de ressemblance que nous remarquons dans une belle Sainte-Famille du Baroche qui orne notre collection, et que nous allons décrire.

201. — Sainte Élisabeth et le petit saint Jean visitent la sainte Vierge: celle-ci, assise sur une chaise basse, les jambes étendues, un livre dans la main droite, est occupée à bercer son divin fils, que l'on voit endormi dans

sa crèche, la tête appuyée sur son bras. La Vierge se retourne et paroît attentive aux paroles que lui adresse sa cousine; on aperçoit une chatte et ses petits qui se sont couchés sur un pan de sa robe : à gauche du tableau, saint Joseph relève le rideau qui fermoit l'entrée du lieu où se passe cette scène, et présente sa famille à sainte Élisabeth; dans le fond, une porte ouverte laisse voir un paysage et des fabriques. Ce tableau est d'une belle couleur, d'une composition gracieuse et d'une très belle conservation. B. l. 21, h. 26.

PAR LE MÊME.

202. — Notre Seigneur, sous le costume d'un pélerin, apparoît à un religieux à la porte de son ermitage; celui-ci exerce envers son hôte divin les devoirs de l'hospitalité et lui lave les pieds. Notre Seigneur se faisant alors connoître paroît lui commander de bâtir un monastère en place de sa cellule. C'est du moins à de semblables apparitions vraies ou supposées qu'on rapporte dans les légendes l'origine de la plupart des monastères, et c'est assurément un de ces faits miraculeux que le peintre a rendu dans ce tableau; mais le nom du saint fondateur et le lieu de la scène nous sont inconnus. Des Anges groupés dans un rayon de lumière, sur la tête du cénobite, terminent cette composition, que le caractère, l'expression des têtes et la vigueur du coloris, doivent faire regarder comme une des plus capitales du maître. T. l. 27, h. 34.

PAR LE MÊME.

203.—Un précieux échantillon de ce grand maître, offrant la Vierge assise au pied d'un arbre, tenant son divin enfant sur ses genoux. Ce joli bijou ne laisse rien à désirer. C. l. 6, h. 7.

PAR LE MÊME.

204. — Le Buste de saint Jean vu presque de face, vêtu d'une draperie rouge brodée, surmontée d'une autre bleue agrafée sur l'épaule droite : très belle étude terminée, et d'une admirable fraîcheur de coloris. B. l. 12, h. 17.

ATTRIBUÉ AU MÊME.

205. — Une Sainte-Famille : la sainte Vierge, à gauche du tableau, tient l'Enfant Jésus enveloppé dans des maillots; devant elle un Ange, dont on ne voit qu'une partie du corps, lui présente de la bouillie dans un plat. Sur le second plan, saint Joseph sourit au jeune enfant, et lui présente de loin un petit bouquet de cerises. T. l. 27, h. 33.

BAROCHE (Frédéric).

206. — Un Portrait d'un grand et beau caractère représentant une jeune femme de distinction vue à mi-corps et de trois quarts, vêtue d'une robe brodée, les épaules couvertes d'un mouchoir rouge, le cou orné d'un chaînon d'or et d'une parure de perles. B. l. 26, h. 31.

TASSI (Augustin).

207. — Paysage dont le premier plan est ombragé de grands arbres, et offre l'entrée d'un bois; on aperçoit à droite un muletier et deux mulets. T. l. 48, h. 36.

ATTRIBUÉ AU MÊME.

208. — Paysage au clair de la lune : à droite du tableau on aperçoit des voyageurs à la porte d'une hôtellerie, dont le maître a une lanterne à la main; dans le fond, un clocher s'élève au-dessus des arbres. T. l. 36, h. 25.

ATTRIBUÉ AU MÊME.

209. — Autre Paysage : vue d'un canal; pendant du précédent. T. l. 48, h. 25.

HARISONTI.

210. — Deux Paysages, style historique : de beaux arbres d'un feuillé large et savant, des terrasses touchées spirituellement, des fabriques de bon goût, des lointains légers et transparents, et des figures bien dessinées placent ces deux compositions et les suivantes au rang des plus aimables productions de ce maître. T. l. 23, h. 18.

PAR LE MÊME.

211. — Deux autres Paysages, dans l'un desquels on remarque un dessinateur assis, et dans l'autre un voyageur et son chien. Même dimension. T. l. 23, h. 18.

PAR LE MÊME.

212. — Deux autres Paysages : l'un est traversé par un torrent qui tombe en cascades. Dans l'autre, des voyageurs se reposent au pied d'un arbre. Même dimension. T. l. 23, h. 18.

ATTRIBUÉ A CLAUDE LORAIN.

213. — Une Vue de mer d'une vaste étendue, bordée de diverses fortifications et chargée de bâtiments. T. l. 36, h. 26.

POMPEO BATTONI.

214. — L'homme, entre le Vice et la Vertu : celle-ci, sous les traits de Minerve, lui conseille de ne pas s'abandonner à la mollesse, et lui montre dans le lointain le Temple de la gloire, tandis qu'une femme, dans une attitude voluptueuse, cherche à le retenir et à le séduire, en lui présentant une rose, symbole du plaisir. T. h. 34, l. 27.

PANINI (Jean-Paul).

215. — Un Paysage où se trouvent réunis divers fragments d'anciens monuments d'architecture ; la gauche offre un temple en ruine, et à droite la statue équestre de Marc-Aurèle. L'auteur a enrichi cette composition de belles figures. T. l. 49, h. 28.

CIGOLI (Louis). *Né en 1559, mort en 1613.*

Dans ses études, Cigoli a cherché le Corrége, auquel il ressemble souvent dans ses ouvrages. S'il ne l'a pas atteint pour la finesse et la grâce des expressions, il a surpassé ce grand homme pour la vigueur du coloris : le savant tableau du Samaritain, de notre Collection, nous en offre la preuve.

216. — *Le Samaritain.* Sur le devant du tableau, cet

homme charitable, un genou en terre, vêtu d'une tunique jaune, et coiffé d'une toque asiatique, verse de l'huile et du baume sur les plaies du malheureux que des voleurs viennent de dépouiller, et qui est baigné dans son sang. Le fond du sujet représente une épaisse forêt dans le chemin. Tableau d'un grand caractère et d'une belle couleur. T. l. 96, h. 73.

PAR LE MÊME.

217. — Sainte Madeleine nue, le corps enveloppé de longues tresses de cheveux blonds, est assise dans le creux d'un rocher, dans l'attitude de la méditation; son bras gauche est appuyé sur une tête de mort; un livre est sur ses genoux; et le peintre, par un anachronisme dont on voit quelques exemples dans les meilleurs tableaux, a placé près de là un crucifix. L'expression de la figure est pleine de vérité et de sentiment, et les chairs sont d'une belle couleur. T. l. 42, h. 56.

PAR LE MÊME.

218. — La sainte Vierge, assise au pied d'un arbre, tient sur ses genoux l'Enfant Jésus endormi, dont la tête repose sur son sein; elle le presse avec tendresse entre ses bras, et lui donne un baiser sur le front. Ce tableau bien composé, est d'une touche large et moelleuse, d'une couleur brillante et de l'aspect le plus séduisant. T. h. 50, l. 41.

PAR LE MÊME.

219. — Saint François à genoux devant un crucifix, dans un paysage, paroît se livrer à de saintes méditations. C. h. 14, l. 13.

PAR LE MÊME.

220. — La Madeleine nue est assise dans un désert, les yeux élevés vers le ciel, dont elle invoque le secours. C. l. 8, h. 12.

SANTO I TITO TITI. *Né en* 1538, *mort en* 1603.

Cet élève du Bronzin n'avoit pas moins de réputation que son maître, pour la ressemblance des portraits: on jugera de son mérite.

221. — Le tableau intéressant que nous allons décrire, représente cinq figures d'enfants vus à mi-corps. Ce sont les portraits des enfants d'un personnage de distinction, dont nous n'avons pu retrouver le nom. Ce tableau n'en est pas moins curieux, pour la vérité d'expression et l'exactitude des costumes. T. l. 36, h. 26.

PAR LE MÊME.

222. — Portrait de la reine Marie de Médicis, dans son costume royal, parsemé de fleurs de lis d'or, et enrichi de perles et de pierreries. Elle porte la couronne sur sa tête; elle est debout, sa main droite est posée sur une table, et son regard est noble et assuré. Ce tableau, d'une exécution magnifique, est de la plus belle conservation et d'un grand intérêt pour l'histoire, sous le rapport du sujet et du costume. T. h. 50, l. 39.

CHRISTOPHE DE L'ATTISSIMO. *Florissoit en* 1550.

223 — Portrait vu à mi-corps de François Martelli, personnage d'une famille célèbre de Florence, qui vivoit à la fin du seizième siècle; il est vêtu d'un justaucorps noir; la main droite est appuyée sur une table, et il tient de la gauche une lettre sur laquelle est écrit son nom. B. h. 33, l. 24.

ALLORI (ALEXANDRE).

224. — Cet élève du Bronzin a fait des Portraits non moins beaux ni moins ressemblants que ceux de son maître; nous en offrons la preuve dans celui-ci, représentant une jeune Femme vue jusqu'à la ceinture de trois quarts, la tête nue, le cou orné d'une collerette et vêtue de noir; tableau d'un vigoureux coloris et plein de vérité. B. l. 19, h. 24.

CANGIAGE.

225. — *Sainte Madeleine dans les bois.* Elle est entièrement nue, et n'est voilée que par les longues tresses de ses cheveux blonds. A demi couchée sur des épines, les mains jointes, elle élève ses regards sur un crucifix, placé

vis-à-vis d'elle. Près de là, on remarque deux Anges, dont l'un porte de riches vêtements et un livre, et l'autre caresse une biche. Toile, h. 25, larg. 34.

PAR UN AUTEUR ITALIEN INCONNU.

226. — *La Naissance de Jésus-Christ et l'Adoration des Bergers*, composition capitale. La sainte Vierge à genoux, les mains jointes, présente son Fils, nouveau né, à ses premiers et rustiques adorateurs. Près de l'un d'eux, sur le premier plan, on remarque un panier plein de petits pains. Dans la partie supérieure du tableau, on voit les cieux dans tout leur éclat, et la divine Trinité au milieu des Anges, jouant de divers instruments; trois d'entre eux tiennent des philactères, sur lesquels sont écrits des passages du *Gloria in excelsis*. T. l. 27, h. 37.

EMPOLI (JACOPO). *Né en 1554, mort en 1640.*

227. — *Une Sainte-Famille*. La sainte Vierge, vêtue d'une robe rouge, tient l'Enfant Jésus assis sur un coussin; il étend les bras, et veut saisir une rose que lui présente saint Joseph, placé en arrière, à droite du tableau. A gauche, on remarque un personnage à genoux, et derrière lui un enfant, qui nous sont inconnus. T. h. 25, l. 31.

PAR LE MÊME.

228. — Un joli petit tableau représentant une *Adoration des Bergers;* la Vierge est assise devant un prie-Dieu, et écoute avec respect les paroles de l'ange Gabriel. C. l. 6, h. 8.

NUZZI (MARIE).

229. — *Le Triomphe de la Religion*, composition de dix figures : esquisse terminée avec une verve et un sentiment admirable. T. l. 13, h. 18.

PAR L'UN DES BASSAN.

230. — Deux tableaux faisant pendant, représentant des sujets de l'Histoire sainte, l'un Jésus chez la Madeleine, et l'autre les pélerins d'Emmaüs. T. l. 42, h. 32.

MATTEO ROSSELLI.

231. — Sujet tiré de la Vie de sainte Agnès; elle est amenée par des soldats devant l'empereur, assis sur son trône, entouré de ses ministres et de ses courtisans; ils la pressent de renoncer à son culte, et la menacent sans doute du supplice; mais elle paroît leur répondre avec fermeté, et résister également à la crainte de la mort, ou aux perfides séductions; tableau d'une belle couleur, riche de composition, et dont les figures sont remarquables par un caractère noble et sévère. T. h. 48, l. 32.

BONIFAZIO.

232. — *Une Sainte-Famille.* Charmante composition de quatre figures. La Vierge est assise sur l'herbe au milieu du sujet; elle découvre son divin Enfant endormi sur un linge blanc étendu sur une bruyère. Le petit saint Jean à genoux, et un Ange dans le fond qui soulève une draperie, contemplent le sommeil de l'Enfant Jésus. On rencontre rarement des tableaux de ce maître aussi beaux et aussi aimables que celui-ci. B. l. 36, h. 32.

DOMINIQUE FETI.

233. — Figure de Femme représentant l'Étude, vêtue d'une draperie légère qui lui laisse une partie de l'épaule et du sein découvert; la tête, couronnée de lauriers, est appuyée sur le bras droit, sous lequel est placé un livre ouvert. Il est difficile de rendre avec plus de vérité le relief des formes et le caractère de la méditation. T. l. 47, h. 74.

PAR LE MÊME.

234. — Le jeune David a vaincu Goliath; la tête du géant est à ses pieds, et sa redoutable épée dans ses mains; satisfait de la victoire, il se repose après le combat; son attitude est noble et sévère; ce n'est plus ce pâtre timide occupé du soin de ses troupeaux; c'est celui que le ciel appelle au trône de Juda. T. l. 24, h. 30.

SALVATOR ROSA.

Combien sont curieuses et piquantes les variétés infinies des genres divers qui ont partagé et illustré la famille des peintres! Salvator, plus heureux que beaucoup d'entre eux, les traitoit presque tous en s'occupant encore des belles-lettres : on a de lui de beaux paysages, de belles marines, des scènes militaires, de superbes batailles, et quelques tableaux d'histoire extraordinaires. Qu'il nous soit permis d'en citer particulièrement du nombre de notre collection, le sujet du *Martyre de saint André*. Nous osons le dire, nous ne connoissons rien qui offre une verve, une fierté et un enthousiasme semblable.

235. — *Le Martyre de saint André*. Le saint est représenté nu, les bras liés et élevés au-dessus de la tête, prêt à être attaché sur la croix; le pied gauche alongé en avant, déjà percé d'un énorme clou, est encore étroitement serré avec une corde par un des bourreaux. Du côté opposé, un Vieillard semble, par son geste, l'exhorter à sacrifier aux faux dieux, pendant qu'il en est encore temps; à ses pieds est un livre ouvert. Forme ovale. T. l. 54, h. 82.

PAR LE MÊME.

236. — Un Port dont la mer est d'une vaste étendue et chargée de bâtiments et de quelques petites voiles; on voit à gauche un fanal, et à droite une tour, groupés à d'autres fabriques. Les premiers plans offrent nombre de belles figures bien distribuées et savamment contrastées de mouvement; divers autres détails terminent cette importante production. T. l. 65, h. 44.

PAR LE MÊME.

237. — Quatre Frises représentant des Paysages et des Marines, ornés de figures et de navires exécutés avec la facilité et la touche heurtée et spirituelle ordinaires à ce maître. T. h. 7, l. 22.

PAR LE MÊME.

238. — Très beau Paysage de ce maître; sur le devant, à droite du tableau, on voit les ruines d'un monument

romain, précédé d'un portique d'ordre dorique, dont quelques colonnes sont encore debout; dans le fond, quelques pâtres gardent des bestiaux sur le bord d'une rivière qui coule au milieu des rochers. Ce tableau est d'une couleur argentine et suave, et d'un faire assez terminé. T. l. 32, h. 27.

PAR LE MÊME.

239. — Un Port de mer d'une vaste étendue, offrant de riches et nombreux détails; on voit à droite un fanal et autres fabriques; la mer est couverte de bâtiments, et les divers plans de la composition enrichis de gens de mer et autres figures savamment distribuées par groupes. T. l. 70, h. 54.

PAR LE MÊME.

240. — *Notre Seigneur élevé en croix*. Plusieurs Soldats font groupe au pied de la croix, et dans les diverses attitudes que nécessite l'élévation de ce terrible instrument du supplice, sur lequel voulut mourir le Sauveur du monde; derrière, un de leurs Chefs à cheval, et coiffé d'un turban, paroît présider à cette action; plus loin on aperçoit un des deux Larrons déjà crucifié: le ciel est obscurci, et, suivant l'Écriture, la nature agitée et les éléments en désordre, annoncent à l'univers que la Divinité va succomber. Dans ce tableau, ainsi que dans le suivant, l'artiste a su habilement éclairer la figure principale d'une lumière divine qui produit l'effet le plus heureux. T. l. 21, h. 32.

PAR LE MÊME.

241. — Le pendant du précédent, représentant notre Seigneur descendu de la croix, porté par trois personnages, dont l'un, monté sur une échelle, le soutient par le bras droit. Une des saintes Femmes, à genoux du côté opposé, lui baise respectueusement le bras gauche; plus loin un Chef de soldats paroît donner quelques ordres; sur le devant un Vieillard prépare un linceul pour recevoir le corps de notre Seigneur. Une touche ferme et hardie, un dessin élégant, une composition sage, distinguent éminemment ces deux productions, dont la couleur vi-

goureuse et la magie du clair-obscur sont d'un effet tellement rembrandesque, qu'on pourroit facilement les confondre avec les ouvrages du célèbre coloriste hollandois. T. l. 21, h. 32.

PAR LE MÊME.

242. — Un Port à l'embouchure d'une rivière; plusieurs navires de différentes espèces sont stationnés le long du talus du bassin; on aperçoit aux environs une tour et quelques monuments; les premiers plans, ornés de plusieurs petites figures spirituellement touchées, sont ombragés de grands arbres et de masses de feuillages obscurs qui rendent le vague du fond plus piquant. T. l. 30, h. 24.

ATTRIBUÉ AU MÊME.

243. — *La Conjuration de Catilina.* Les Conjurés, réunis dans un endroit secret, prêtent serment sur une coupe remplie de sang humain. Composition de neuf figures, grandeur naturelle, vues à mi-corps. T. h. 63, l. 64.

VERONEZE (Alexandre).

244. — Cléopâtre expirant dans les bras de ses femmes : la pâleur et les yeux à demi fermés annoncent que dans peu elle aura cessé de vivre. Le bras et le sein gauche sont découverts, et l'aspic qui vient de faire couler dans ses veines le poison mortel, s'échappe de sa main, et se glisse sur une table, sur laquelle sont déposés les ornements de la royauté. Les deux femmes qui l'entourent considèrent avec une attention douloureuse les derniers moments de leur malheureuse reine. T. l. 41, h. 51.

PAR LE MÊME.

245. — Judith, fière de sa victoire, montre d'une main la tête d'Holopherne qu'elle tient de l'autre, suspendue dans un linge : elle est vue à mi-corps, la poitrine découverte. T. h. 26, l. 22.

GENTILESCHI.

La femme, après avoir triomphé du cœur de l'homme

par ses charmes et sa douceur, mérite encore son estime et son admiration, lorsqu'elle acquiert des talents qui la placent à sa hauteur. Gentileschi, l'honneur de la peinture, s'est élevée au-dessus de toutes les personnes de son sexe qui se sont livrées à l'honorable carrière des beaux-arts. Nous offrons aux nombreux amateurs du beau sexe et de la peinture un admirable tableau de Sironne Gentileschi, digne de figurer et d'enrichir les plus belles galeries par tous les genres de beautés qui se trouvent réunis: le sujet est *Hérodiade portant la tête de saint Jean.*

246. — Hérodiade, portant dans un bassin d'argent la tête de saint Jean, est vue à mi-corps; sa tête, de trois quarts, est ornée d'une couronne. La joie tranquille d'une vengeance satisfaite est exprimée dans ses traits : une agrafe de pierres précieuses retient sur l'épaule droite une draperie rouge qui laisse à découvert une manche à bouffettes avec broderies d'or : la richesse des vêtements annonce la princesse. Mais quelle effrayante vérité dans cette tête, dont la noblesse, le grand caractère se manifestent encore à travers les voiles de la mort! Cet œil est éteint sous ces paupières à demi fermées; cette bouche entr'ouverte vient d'exhaler le dernier soupir; ces chairs sont livides, ces lèvres décolorées! T. l. 24, h. 32.

CIRANNI (Élisabeth).

Voici encore une femme qui doit tenir un rang distingué dans la peinture. Ses ouvrages offrent une douceur et un caractère tellement aimables, que le spectateur peut en les voyant deviner aisément le secret du sexe de l'auteur. Nous mentionnerons honorablement une belle Madeleine de la main de Ciranni.

247. — Sainte Madeleine renonce aux vanités du monde, et, docile à la grâce qui l'éclaire, prend la résolution de se convertir; elle est encore vêtue d'habits pompeux, et près d'elle est une toilette sur laquelle on remarque un miroir, des fleurs et un collier de perles : les mains sont savamment peintes, les draperies bien ajustées, et la tête pleine d'expression. T. h. 42, l. 35.

PAR LA MÊME.

248. — *Venus caressée par l'Amour* : la déesse à demi nue est assise sur un lit de repos, et tient dans ses mains une des flèches du cruel petit dieu qui, à genoux, d'un air suppliant, paroît prier sa mère de la lui rendre. Rien n'est plus gracieux que les têtes de ce tableau, dont la touche finie et suave n'est pas le moindre mérite. T. l. 35, h. 44.

MEINGS (Raphael).

249. — Vénus assise dans un bocage, vêtue d'une robe blanche qui lui laisse un sein découvert, et d'un manteau cramoisi largement drapé sur ses épaules, fait approcher d'elle l'Amour, qui lui présente avec un air malin une de ses flèches, que sa mère paroît ne vouloir toucher qu'avec précaution. Sur le bord de la robe de la déesse on lit cette sentence philosophique : *Mors et vita.* Dans le fond, on remarque un vase richement orné de bas-reliefs. B. l. 23, h. 31.

SAINT-JEAN (Jean de).

250. — *Abigaïl*, sujet tiré de l'Histoire sainte : composition de neuf figures. T. h. 35, l. 51.

CARAVAGE (Michel-Ange du). *Né en* 1559, *mort en* 1609.

On ne peut pas se dissimuler que le Caravage n'ait été un grand peintre : il ne manquoit à sa gloire qu'une éducation plus soignée, qu'il donnât de l'élévation à ses pensées, et plus de noblesse dans ses expressions ; à cela près, il connoissoit toutes les parties de la peinture.

251. — *L'Amour endormi.* Il est couché sur le dos, et entièrement nu, ses jambes sont réunies, une de ses ailes est élevée, l'autre est ployée sous son bras gauche, dont la main tient un arc et une flèche. T. h. 29, l. 39.

PAR LE MÊME.

252. — Un grand tableau représentant une jeune Femme entre un ancien Guerrier et un Vieillard qui se dispose à boire un verre.

SANDINO ROSI.

253. — Vénus laisse éclater sa douleur à la vue d'Adonis, blessé à mort par un sanglier; l'Amour en pleurs est à côté de sa mère: à gauche, des Amours groupés sur un nuage semblent partager l'affliction de la déesse. B. l. 22, h. 29.

LANFRANC. *Né en* 1581, *mort en* 1647.

254. — *Le Triomphe de la Vierge.* Portée sur les nuages au milieu des Anges et des Chérubins, jouant de divers instruments, elle élève ses regards vers les cieux qui sont ouverts devant elle, et pose ses mains sur son cœur. Une couronne d'étoiles, emblème de l'immortalité, brille au-dessus de sa tête, et sous ses pieds un croissant et un serpent sont les signes allégoriques de sa miraculeuse conception. Ce tableau est riche de couleur et de composition. T. h. 27, l. 18.

MUTIO.

255. — Dans un Paysage au milieu des rochers, un saint Chartreux est à genoux devant un petit crucifix attaché à un arbre, et se frappe la poitrine avec des pierres. B. h. 22, l. 12.

PAR UN AUTEUR ITALIEN INCONNU.

256. — Un précieux tableau votif en l'honneur de Notre Dame de bon secours, représentant l'Arbre de vie et de salut. Cet arbre, dont les branches sont contournées avec symétrie, est orné de bouquets de fleurs et de l'image de la sainte Vierge, soutenue par deux Séraphins, et surmontée d'un écusson aux trois fleurs de lis, et d'une couronne à pointes en fleurs artistement tressées. Cet arbre mystique est placé sur le bord d'un rivage, couvert de navires de différentes espèces, pour indiquer que le tableau a été offert par des marins à l'acquit d'un vœu pieux fait à la Mère du Sauveur, en invoquant son secours contre les dangers de la navigation. Cuivre, h. 18, l. 14.

SALSEFERATO.

257. — Trois Figures, une Sainte et deux saints personnages vus à mi-corps; la femme a les mains jointes, et tient un livre sous son bras gauche, ce qui peut la faire regarder comme fondatrice d'une règle monastique; l'un des deux autres personnages à gauche est un Franciscain; l'autre nous est inconnu, à moins que le peintre lui-même ne se fût représenté sous ce bizarre costume. T. h. 22, l. 27.

PAR LE MÊME.

258. — Sous un portique d'architecture romaine, sainte Thérèse à genoux, est en extase devant un crucifix : on remarque à ses pieds un livre et une branche de lis au haut du tableau; des Anges portés sur un nuage, lui présentent une couronne d'épine, symbole de la mortification chrétienne. T. h. 25, l. 21.

CIROFERRI.

259. — Portrait de Femme demi-nue, vue à mi-corps, et dont les longs cheveux blonds flottent négligemment sur les épaules : tableau des plus agréables et des mieux peints de ce maître. T. l. 10, h. 20.

BENEDETTO LUTI.

260. — Figure de Femme, représentant l'Étude; elle est assise, la tête appuyée dans sa main droite, tenant de l'autre un livre ouvert, dans lequel elle lit à la lueur d'une lampe. B. h. 19, l. 24.

SOLIMENE.

261. — *Les Couches de sainte Élisabeth et la Naissance de saint Jean.* Sur le devant du tableau, trois Femmes donnent des soins à l'enfant; une d'elles le soutient dans ses bras; une autre l'enveloppe dans une layette; dans le fond, on aperçoit saint Joseph et la sainte Vierge près du lit de l'accouchée. T. h. 24, l. 18.

MOLA (François).

262. — Deux tableaux faisant pendant : compositions tirées de la fable. On y remarque des Bacchantes et des Satyres dans diverses positions, et une grande quantité d'Amours, dont les uns sont renversés, les autres endormis; d'autres traînent un char, dans lequel l'un d'eux est monté, portant un flambeau; d'autres enfin élevés dans les airs, ornent les arbres de guirlandes de fleurs. T. h. 28, l. 32.

PAR LE MÊME.

263. — Deux tableaux représentant, dans des paysages ombragés d'arbres épais, des Amours jouant à divers jeux, et groupés dans différentes attitudes. Dans l'un de ces tableaux, on remarque un Priape et les débris d'un tombeau; dans l'autre, un vase antique, orné de sculptures, dans lequel s'est niché un des Amours. T. l. 33, h. 27.

CINANI (Carlo).

Ce recommandable artiste, sous tant de rapports, fut le dernier des peintres italiens qui ferma les portes de cette célèbre École, dont il arrêta pour un moment, par les nobles efforts de son beau talent, la décadence rapide; il soutint également encore la réputation de l'Albane dont il étoit l'élève. Non moins gracieux, ni moins aimable, mais plus fidèle observateur des convenances historiques que son maître, Cinani tiendra toujours un rang distingué dans la peinture pour ses compositions à la fois savantes et agréables, son dessin délicat, son aimable coloris, et surtout le charme de son pinceau et de ses expressions. Nous offrons aux amateurs des productions galantes, un des tableaux les plus distingués et des plus délicieux de ce maître.

PAR LE MÊME.

264. — *Vénus lutinée par l'Amour.* La déesse a triomphé de ses rivales : la prude Minerve et la fière Junon ont été jugées moins belles, et elle tient encore la pomme d'or que le galant Pâris n'a pu lui refuser : à demi cou-

chée sur un élégant lit de repos, la reine de Cythère paroît s'amuser des malices de son fils qui voudroit enlever à sa mère le fruit précieux gage de sa victoire; mais elle lui tient, comme l'on dit, la pomme haute, et lui fait nargue à ses pieds. On remarque le bouclier de Minerve, le sceptre de Junon, et deux colombes : ces oiseaux, comme l'on sait, sont consacrés à la mère des Amours. T. l. 96, h. 108.

PAR LE MÊME

265. — *Une Madeleine*, vue à mi-corps, les épaules nues, les cheveux épars; elle se détache sur un fond de nuages; ses mains sont jointes, son regard plein de larmes se porte vers les cieux, et devant elle un livre, une tête de mort sont les objets de ses méditations. T. h. 26, l. 21.

PAR LE MÊME.

266. — Un charmant Portrait de Femme à moitié nue, portant dans sa main un bouquet contenu dans une carafe. Elle est vue à mi-corps et de trois quarts, coiffée d'un mouchoir. T. l. 18, h. 24.

JORDANNO (Lucas).

267. — *Salomon*, entraîné par son amour et sa foiblesse, prend des femmes étrangères; se laissant séduire par elles, il consent à sacrifier aux idoles. A droite du sujet, on remarque l'autel sur lequel le feu pétille, déjà surmonté de la statue de Jupiter. Près de là, sont les victimes et les sacrificateurs. Du côté opposé, le roi, entouré de toutes ses femmes, s'agenouille sur des coussins, et paroît céder à cet acte impie, plus par complaisance que par sa propre volonté. T. h. 8, l. 9.

PAR LE MÊME.

268. — *La Toilette de Vénus*; elle est assise, entièrement nue, entre ses femmes également nues, qui lui préparent ses vêtements, et dont les attitudes pittoresques présentent leurs formes de la manière la plus variée, et la plus gracieuse. L'Amour, placé devant la déesse de Cythère,

lui présente un miroir dans lequel elle considère ses charmes, et s'étudie sans doute à de nouveaux moyens de séduction. T. l. 25, h. 32.

PAR LE MÊME.

269. — *L'Enlèvement de Proserpine.* Le roi des enfers tient la Nymphe étroitement serrée dans ses bras, et l'arrache des mains de ses compagnes. Des Amours préparent le char et le flambeau qui doivent les conduire au ténébreux séjour. T. h. 18, l. 25.

RICCI (SÉBASTIEN).

270. — *Bacchus adolescent.* La tête couronnée de pampre et de raisins, assis nonchalemment sur un tertre recouvert d'une draperie, le dieu du vin tient de la main gauche un verre où brille le jus de la treille, tandis qu'il soutient son thyrse de l'autre main. On aperçoit dans le lointain une danse de Bacchantes sur un fond de paysage. T. l. 13, h. 16.

PAR LE MÊME.

271. — *Saint Antoine*, dans l'épaisseur d'une grotte, près d'une table sur laquelle sont placés un crucifix, un livre et une tête de mort, est entouré de Démons sous les formes les plus hideuses, tandis qu'une jeune femme élégamment vêtue, le sein découvert, s'approche de lui en relevant un pan de sa robe, et lui présente une coupe. T. h. 14, l. 21.

LAURI (PHILIPPE).

272. — *Le Sommeil de l'Enfant Jésus.* Sur une draperie blanche étendue pardessus un tapis rouge, la tête du divin Enfant reçoit les accidents d'une lumière bien graduée, sur laquelle elle se détache en demi-teinte : le corps est posé mollement et avec grâce, tandis que du haut du nuage, qui forme le fond, trois chérubins le contemplent. C. l. 10, h. 7.

PAR LE MÊME.

273. — Persée vient de délivrer Andromède; l'infor-

tunée princesse, exposée nue aux regards de son défenseur, tâche de concilier la pudeur avec ce qu'elle doit à la reconnoissance; les Amours l'environnent, et se sont emparés de la redoutable tête de Méduse; près du héros, le cheval Pégase, qui lui avoit prêté la légèreté de ses ailes, est prêt à remonter sur le Parnasse. T. l. 13, h. 19.

PAR LE MÊME.

274. — La sainte Madeleine assise à l'entrée d'un rocher; elle est à moitié nue, le reste du corps recouvert d'une grande draperie bleue; ses cheveux en désordre retombent sur ses épaules, et sa tête légèrement penchée sur l'épaule gauche a l'expression du calme et du repentir; ses mains croisées sont appuyées sur une tête de mort placée sur un livre ouvert. Au haut du tableau, à gauche, on aperçoit une Croix dans une gloire; des Anges paroissent descendre vers la Sainte, et lui annoncer la clémence du ciel. T. l. 13, h. 10.

PAR LE MÊME.

275. — Le pendant du précédent. La Charité sous les traits de saint Martin, donnant à un pauvre une portion de son manteau. Ces deux tableaux sont d'une touche très fine, et d'une couleur brillante. C. ovale. l. 6, h. 4.

ATTRIBUÉ AU MÊME.

276. — *Diane au bain.*

ATTRIBUÉ AU MÊME.

277. — Vénus blessée au pied par une épine que l'Amour lui ôte; composition gracieuse. T. h. 13, l. 12.

GRIVELLI.

278. — Un intérieur de Cuisine, où sont nombre de volailles mortes et en vie; les unes sont sur une table et les autres sont suspendues au plancher. On ne sauroit porter plus loin l'art de l'imitation. T.

PAR LE MÊME.

279. — Un autre tableau du même genre que le précédent, représentant également des volailles et autres comestibles, et traité avec le même talent. T.

GAUFREDI.

280. — Un Paysage d'un effet piquant, mêlé de fabriques, figures et animaux. B. l. 14, h. 10.

THÉODORE (de Naples).

281. — Un Paysage d'une grande étendue, offrant un site d'Italie. On voit à gauche une masse d'arbres, et à droite, sur un plan plus éloigné, une maison. Le devant est enrichi de nombre de moissonneurs, et d'une charrette attelée de deux bœufs et quelques autres animaux. T. l. 36, h. 22.

PAR LE MÊME.

282. — Un Paysage, où l'on remarque sur le devant du tableau des pâtres et quelques moutons.

PAR LE MÊME.

283. — Scène villageoise auprès d'une fontaine, dans un paysage ombragé d'arbre, et éclairé des derniers rayons du soleil couchant. On remarque à droite du tableau un groupe d'enfants dans diverses attitudes; un d'eux, dans le lointain, arrive monté sur son âne; une jeune Fille, près de la fontaine, vient de puiser de l'eau; à gauche, sur le devant, un musicien assis joue de la guitare; derrière lui sont deux buveurs, et plus loin une Femme qui file au fuseau. T. h. 20, l. 27.

BIBIANNE.

284. — Intérieur d'un vaste Temple décoré de la plus riche architecture, et distribué en plusieurs galeries. Sur les premiers plans, on remarque un groupe de cinq figures représentant saint Pierre guérissant un boiteux. T. h. 21 ½, l. 27 ½.

MARATTE (Carle). *Né en* 1625.

285. — *Une Sainte-Famille.* Assise sur le socle d'un piédestal, la Vierge présente l'Enfant Jésus à saint Joseph, debout, tenant une tige de lis d'une main, tandis que

de l'autre, il offre des cerises au divin Enfant. La tête de la Vierge, dont les regards se tournent vers saint Joseph, est remarquable par sa beauté, et par la grâce et le sentiment répandus dans tous ses traits. T. h. 37, l. 28.

PAR UN AUTEUR ITALIEN INCONNU.

286. — Des Enfants nus jouent avec un mouton; l'un d'eux vient d'être renversé par la force de cet animal. Ce tableau original nous paroît appartenir aux pinceaux de Schidone. T. l. 36, h. 20.

ÉCOLE FRANÇOISE.

POUSSIN (NICOLAS). *Né en* 1594, *mort en* 1665.

287. — Les productions que nous possédons du prince de l'École françoise dans notre collection, n'étant que des Etudes ou ses premiers essais en Italie, nous nous dispenserons de toute espèce d'éloge à cet égard; nous nous bornerons à les décrire simplement. *Une Sainte-Famille*: la Vierge, assise au pied d'un monument d'architecture, soutient d'une main sur ses genoux l'Enfant Jésus, qui donne son pied à baiser au petit saint Jean; celui-ci témoigne son respect par une génuflexion; derrière la Vierge, saint Joseph paroît livré à une profonde méditation; à gauche on remarque un agneau, symbole de l'holocauste qui doit s'offrir pour la rédemption du genre humain.

PAR LE MÊME.

288. — *Le Massacre des Innocents.* Nous n'entrerons pas dans une description détaillée de cette grande composition, dont le sujet est assez connu : on y retrouve le génie du Poussin, et ces fortes conceptions qu'on admire généralement dans ses tableaux. Dans celui-ci, quelle fécondité de pensées! quelle variété de mouvements! quelle vérité d'expression! Cette esquisse terminée est sans doute

la première pensée du grand tableau qu'il méditoit. B. l. 26, h. 16

PAR LE MÊME.

289. — *Une Danse de Bacchantes dans un Paysage.* La tête couronnée de fleurs et de pampre, elles forment des danses en présence de Bacchus, qu'on voit assis à gauche du tableau. Le dieu, couronné de raisins, est appuyé contre un tonneau, une coupe à la main; déjà il ressent les vapeurs du jus de la treille, que lui verse un Satyre qui se penche derrière lui. Du côté opposé, on remarque deux autres Satyres qui marient aux danses bachiques les sons variés de leurs instruments. Dans cette production, le Poussin s'est montré le digne rival de Jules Romain pour l'élégance des figures et la grâce des poses. B. l. 27, h. 13.

ATTRIBUÉ AU MÊME.

290. — *Le Jugement de Salomon.* L'Exécuteur tenant d'une main un Enfant la tête en bas, et le sabre de l'autre, se prépare à le fendre en deux, quand la véritable mère, à genoux sur le premier plan, s'oppose à ce cruel arrêt, tandis que la fausse mère, debout un peu plus loin, paroît y adhérer avec indifférence. T. l. 36, h. 24.

CALLOT.

291. — *L'Enfer*, ou *les Peines du Tartare.* Dans cette composition fantastique, où l'auteur s'est livré à toute la verve de son imagination, on voit les châtiments de tout genre que subissent les pervers dans le sombre empire. Les ministres de Pluton se sont emparés des ombres dévouées au pouvoir infernal; sans cesse la barque fatale en amène de nouvelles; des Démons, sous la forme des monstres les plus hideux, inventent et apprêtent des supplices proportionnés aux crimes des coupables durant leur séjour sur la terre. C. l. 15, h. 12.

PAR LE MÊME.

292. — *Daniel dans la Fosse aux lions.* Cette fosse composée de rochers à travers lesquels s'écoulent quelques

filets d'eau, occupe toute la partie inférieure du tableau; on y voit le prophète assis tranquillement au milieu des bêtes féroces, qui le respectent et se rangent autour de lui. La partie supérieure du tableau offre des monuments de diverse architecture, et des Hommes armés qui précipitent des condamnés dans la fosse à coups de fourche. T. l. 27, h. 16.

COURTOIS (*dit* Bourguignon).

293. — Un Combat de cavalerie des plus sanglants; la terre est couverte de combattants; l'action principale se passe autour d'une ville défendue par des forts et un pont. Tableau capital, plein de verve et d'un grand effet. T. l. 64, h. 42.

PAR LE MÊME.

294. — Tableaux représentant deux Commandants d'armée, à cheval, visitant leurs camps. Tableaux d'un grand effet. T. l. 38, h. 42.

MAY.

295. — Un Paysage; à gauche du tableau, un chemin conduit dans l'épaisseur d'un bois, près duquel est bâtie une maison rustique; sur le devant, un Homme et une Femme causent ensemble; sur la droite, une riante vallée, bordée de coteaux et arrosée par une rivière, termine cette composition.

PAR LE MÊME.

296. — Le pendant du précédent. Paysage vu au clair de la lune; à droite, un Homme est assis près des ruines d'un monument antique; plus loin un Pâtre garde des troupeaux. Effet piquant, composition agréable. T. l. 22, h. 18.

VERNET (Joseph).

297. — Marine prise en Italie. Sur la gauche, un fort en forme de tour s'avance dans la mer; du côté opposé, sur le rivage, plusieurs personnages se reposent dans diverses attitudes, et regardent une Danseuse et un Danseur, qui exécutent une allemande au son d'un fifre et

d'une mandoline : un phare, des coteaux et quelques navires se remarquent dans le lointain. Ce tableau fait en Italie, et de la jeunesse du maître, est curieux comme un des premiers pas de cet habile peintre dans une carrière qu'il a si honorablement parcourue, d'un artiste en quelque sorte inimitable dans le genre qu'il s'est créé, et à qui la France doit, avec tant d'autres chefs-d'œuvre, la magnifique collection de ses ports. Au surplus, si le grand Vernet n'avoit pas assez fait pour la postérité, son fils et son petit-fils la lui assureroient. T. l. 23, h. 35.

ATTRIBUÉ AU MÊME.

298. — Deux jolis tableaux de Paysages : l'un, effet du matin. Sur le premier plan, deux Hommes s'occupent de la pêche ; de grands arbres, se détachant sur une roche, s'élèvent sur le côté gauche ; le milieu est occupé par une rivière, qui se forme d'une chute d'eau s'échappant entre deux bords escarpés ; le fond se termine par des lointains d'arbres et de montagnes, qui se détachent sur un ciel frais et transparent.

ATTRIBUÉ AU MÊME.

299. — Le pendant du précédent. Site montueux, traversé d'une rivière, où l'on voit des Pêcheurs dans une barque ; à gauche, sur une éminence, on remarque une figure seule et d'un bel effet.

GREUZE.

300. — Voici une production capitale de l'École françoise moderne qui nous rappelle la mémoire de l'un de ses plus grands peintres. Le sujet de ce tableau se compose de deux figures entières, grandeur de nature. Un personnage debout, appuyé sur son fusil, qu'il tient de la main gauche, est prêt à partir pour la chasse ; à ses côtés, une Dame, assise sur un banc, tient d'un bras celui du cavalier, dont elle presse légèrement la main dans la sienne, avec un regard et une attitude qui semblent indiquer de l'inquiétude sur son départ, et le désir de le revoir promptement ; auprès de la Dame, on aperçoit sur le banc son

petit carlin qui dort. Mais un accessoire plus digne d'attention, ce sont les deux chiens de chasse qui occupent le côté opposé de la scène; on remarque surtout dans l'un d'eux l'impatience de s'élancer dans le parc qui sert de fond au tableau.

Rien de plus gracieux ni de plus expressif que la pose de la femme, vêtue d'une robe de mousseline transparente, et dont la tête, les bras et les formes ravissantes, ont fourni au peintre un modèle heureux et digne des pinceaux de ce grand coloriste.

ÉCOLE ESPAGNOLE.

On a trop long-temps méconnu l'importance de l'école espagnole, que nous ne connoissons qu'à peine encore aujourd'hui, malgré les notes du voyage de feu Le Brun et la vie des peintres espagnols, par Quillet. Avant la révolution, c'est-à-dire, depuis nos relations politiques avec cette nation, les auteurs de Catalogues, nos prédécesseurs, ne reconnoissoient point d'école de peinture en Espagne: cela est si vrai, qu'ils classoient les tableaux espagnols dans l'école d'Italie. Cependant on connoissoit, à cette époque, les célèbres Murillo, Velasquez, Vincente Joannes, Ribera et le divin Morales, et autres grands peintres. Si ces grands hommes n'ont rien ajouté d'idéal aux beautés de la nature, du moins ils ne l'ont pas dégradée comme ont fait la majeure partie des artistes flamands. Ils n'ont pas consulté l'antique, il est vrai; mais ils étoient guidés par un plus grand maître encore, la nature. Désormais on ne chantera plus les pinceaux du Corrége et de Vandyck sans citer celui de Murillo, le Raphaël de l'Espagne.

VELASQUEZ (DON DIEGO). *Né en* 1599, *mort en* 1668.

301. — *Un Artisan espagnol.* Assis dans un fauteuil;

il tient de la main droite un piége où il a pris un gros rat, et témoigne, en le montrant, toute la joie que lui cause sa capture. Dans cette tête, où se peint une gaîté grivoise, on reconnoît l'expression vraie et la touche brillante de ce grand coloriste. T. h. 36, l. 28.

MURILLO (BARTHOLOMÉ.) *Né en* 1618, *mort en* 1682.

302. — *Un Mendiant :* figure à mi-corps, la tête portant barbe, et découverte, est vue de trois quarts. Appuyé sur un bâton qu'il tient des deux mains, son regard sévère et assuré où se peint la fierté castillane, semble plutôt commander la bienfaisance que l'implorer. Ce morceau est remarquable par cette grande vérité de couleur et d'expression qui caractérise les rares productions du plus grand maître dont se glorifie l'école espagnole. T. l. 20, h. 24.

ÉCOLE DE MURILLO.

303. — Un petit Marchand de concombres et de cornichons : il sourit avec malice en offrant sa marchandise. T. ovale, h. 28, l. 19.

RIBERA (*dit* L'ESPAGNOLET). *Né en* 1588, *mort en* 1656.

Si les fougueux pinceaux deRibera avoient toujours été aussi sages, aussi moelleux et aussi corrects qu'ils le sont dans le beau couronnement d'épines de notre collection, assurément ce grand artiste occuperoit un premier rang dans l'École d'Italie; il est vrai de dire que Ribera s'est surpassé dans ce tableau, qui offre une puissance du clair-obscur, une pureté de dessin, et surtout une finesse d'exécution au-dessus de tout éloge, bien au-dessus de tous les ouvrages de ce maître : le sujet, avons-nous dit, est un couronnement d'épines.

304. — Le Christ, couronné d'épines, est entouré de ses bourreaux, dont il endure les traitements et les outrages avec une résignation sublime aux volontés de son père. L'expression de ce sentiment se peint dans ses re-

gards élevés vers le ciel. L'un des ministres de ses souffrances lui a placé un roseau dans les mains, et semble vomir les plus horribles blasphèmes contre le divin Sauveur; d'autres lui enfoncent les épines de la couronne dans la tête, d'où le sang ruisselle, en le frappant avec un roseau : leur féroce aspect contraste admirablement avec l'inaltérable douceur qui règne dans les traits du Christ. Dans cette belle composition de sept figures, le peintre espagnol a rivalisé avec le Titien. T. l. 57. h. 75,

PAR LE MÊME.

305. — Un autre tableau de ce maître, non moins beau que le précédent, représentant saint Pierre. Ce saint personnage est debout, accoudé sur une table, les yeux élevés vers le ciel, qu'il montre de sa main gauche, et de l'autre se presse la poitrine. Cette figure se détache sur un fond vigoureux : production d'un grand caractère et d'une belle couleur. T. l. 36, h. 47.

PAR LE MÊME.

306. — La Famille de Tobie, représentée au moment où le fils rend miraculeusement la vue au vieux patriarche, en frottant ses yeux avec le fiel d'un poisson, qu'un Ange lui a fait trouver. Le saint homme est assis dans un fauteuil, sur le premier plan, et attend avec calme le moment où la lumière lui sera rendue. Ce tableau est remarquable par l'expression des têtes, une couleur vigoureuse et une belle entente du clair-obscur. T. forme octogone, l. 30, h. 46.

ÉCOLE FLAMANDE.

Rendons hommage, élevons des statues à la gloire immortelle de Jean Van Eyck de Bruges, auteur du premier tableau peint à l'huile. Par ce nouveau procédé Van Eyck donna à ses ouvrages une force et une vie qui étonnèrent tous les peintres de son temps. C'est à cette glorieuse et importante découverte que le domaine de la peinture doit ses principales richesses, et le degré de splendeur où il se trouve aujourd'hui ; mais ce qui ajouta encore à la gloire de Jean de Bruges, c'est qu'il ne fit pas de son secret une propriété exclusive, il le communiqua, au contraire, à ses amis, et même à Antoine de Messine, qu'il ne connoissoit pas, ainsi que nous l'avons déjà dit dans notre Avant-propos.

Après avoir perfectionné cette découverte, Van Eyck fit des tableaux admirables sous tous les rapports. Personne enfin ne l'a encore surpassé pour la beauté, la force et le brillant du coloris, la franchise et la pureté de la touche, ni pour la naïveté des expressions. Notre Collection possède un tableau de cet homme extraordinaire, qui devra fixer les regards des amateurs érudits par son importance, sa rareté et par sa conservation.

Le Musée de la ville de Rouen offre un chef-d'œuvre plus admirable encore des pinceaux de l'immortel Van Eyck ; il appartenoit à la gloire de cette grande cité, déjà célèbre par tant de genres d'industrie, et par l'accueil hospitalier qu'elle fit toujours aux arts, de posséder un monument de peinture des plus importants et des plus rares qui existent depuis la renaissance des arts.

VAN EYCK (Jean).

307. — Tableau votif fait à l'occasion de l'établissement d'une communauté religieuse de fondation royale, sous l'invocation de la Vierge. La reine des Anges y est représentée, assise sur un trône, tenant l'Enfant Jésus sur ses genoux, et lui présentant des paquerettes. Un Chérubin, les ailes déployées, lui place sur la tête une couronne de fleurs de lis d'or. Près d'elle, à gauche du tableau, deux Anges jouant de la harpe et du sistre : au-dessus on aperçoit une Figure qui nous paroît être le Portrait du fondateur, dont les armes décorent le haut ; à droite du tableau, trois Religieux en chape, auquel la flatterie du peintre a cru devoir donner une forme angélique, présentent à leur patronne le livre dans lequel est écrit la règle adoptée par la communauté : enfin, dans le fond de cette riche composition, on découvre l'extérieur du monastère, sous le por-

tique duquel l'artiste a représenté en Figures l'Annonciation, et plus bas la Visitation, pour indiquer les titres, sous lesquels la communauté étoit désignée. Ce tableau est curieux comme classique, et de la plus belle conservation. B. l. 26, h. 35.

École de Van Eyck.

308. — Le Christ en croix sur le Calvaire; sainte Madeleine est prosternée, les bras entrelacés autour de la croix, et l'arrose de ses larmes; de chaque côté on remarque la sainte Vierge, et saint Jean debout dans l'attitude d'une pieuse méditation; le fond du tableau offre en perspective un point de vue immense, et la ville de Jérusalem environnée de coteaux. Cintré, l. 26, h. 36.

CHOREL (Jean).

309. — *Vision miraculeuse de saint Hubert.* Ce Saint étant à la chasse, aperçoit un cerf portant un crucifix; il s'agenouille respectueusement, ainsi que son écuyer, et adore la main divine qui se servit de ce moyen pour le convertir à la foi catholique. Sur un plan plus éloigné, on voit un autre cerf poursuivi par des chasseurs, et pris par les chiens. La scène se passe dans un site pittoresque, au pied d'un rocher escarpé, sur la cime duquel est bâti un château fortifié. B. l. 22, h. 31.

QUINTIN MENSIS.

310. — Portrait d'une Femme de qualité, coiffée d'un turban enrichi de pierreries; elle est vêtue d'un vêtement noir, dont les bouffantes sont agrafées avec des boucles de pierreries; le bras gauche est appuyé sur un coussin, et la main droite est posée sur une table; tableau très fin et bien conservé. B. l. 24, h. 32.

MABUSE (Jean).

311. — *La Fidélité conjugale*, représentée nue, couverte seulement d'un léger voile transparent, assise près

du lit nuptial, caresse un chien, dont la tête est appuyée sur son genou. On remarque dans le fond un vase de fleurs, un banc et un miroir attaché au mur. B. l. 15, h. 21.

LAYDEN (LUCAS).

312. — *Une Sainte-Famille.* La Vierge, assise, contemple avec amour l'Enfant Jésus, qu'elle soutient sur ses genoux, au moment où il tend les bras à sa mère; de l'autre main, elle tient un livre ouvert : à sa droite, saint Joseph, assis dans une attitude opposée, présente un fruit au divin Enfant, tandis que de l'autre côté un Ange fait entendre les sons mélodieux d'un instrument. Un riche tapis, soutenu par un Ange, sert de fond à la tête, pleine de sentiment, de la Vierge. Des arbres, des fabriques d'une riche architecture terminent ce tableau des premiers temps de la peinture. Cintré. B. l. 9, h. 12.

PAR LE MÊME.

313. — *L'Adoration des Rois.* L'Enfant Jésus, placé sur les genoux de sa mère, s'avance pour accepter l'encens que lui présente un des monarques indiens, placé sur le premier plan. Ce tableau est particulièrement remarquable par la singularité des costumes dont il a plu au peintre de revêtir ses principaux personnages. B. l. 19, h. 25.

ATTRIBUÉ AU MÊME.

314. -- La Vierge tenant entre ses bras l'Enfant Jésus qu'elle allaite, est accompagnée de saint Joseph, debout derrière elle. Le devant du tableau offre divers fruits et un vase de cristal posés sur une console. B. cintré du haut. L. 9, h. 13.

ATTRIBUÉ AU MÊME.

315. — La Vierge tient l'Enfant Jésus sur ses genoux, et lui présente une pomme et des cerises; plus loin est un Ange qui tient un petit oiseau. B. l. 18, h. 23.

ALDEGRAF.

316. — *Repos de la Sainte-Famille dans la Fuite en*

Égypte. Sur le devant, la sainte Vierge, assise au pied d'un arbre, donne à téter à son Fils; près d'elle est saint Joseph, à genoux, et plus loin l'âne, qui se frotte la tête contre un arbre. Au haut du tableau, à droite, un Ange traverse les airs. B. h. 23, l. 17.

COXIS (MICHEL).

Cet artiste fut disciple de Raphaël; il dut aux conseils de ce grand homme le bon goût du dessin, la grâce et la noblesse de ses ouvrages; on en jugera par le précieux tableau que nous allons décrire.

317. — La sainte Vierge présente le sein à l'Enfant Jésus qui paroît s'endormir en souriant. Une jolie draperie blanche orne la tête de la mère du Sauveur : le tout se détache sur un fond noir. B. h. 14, l. 11.

DEUX TABLEAUX DU XIVe SIÈCLE.

318. — Ces deux productions gothiques offrent deux Paysages d'un riche détail : dans l'un, on remarque le baptême de saint Jean; et dans l'autre, un saint Jérôme et son lion. B. l. 32, h. 26.

HOLBEN.

319. — Un précieux petit Portrait appuyé sur le bout d'une table, en costume du temps, le corps vu de face et la tête de trois quarts, coiffée d'une toque garnie d'une plume, et tenant dans l'une de ses mains une paire de gants. B. l. 6, h. 8.

ATTRIBUÉ AU MÊME.

320. — Un joli petit Portrait de Femme vue à mi-corps et de trois quarts, vêtue d'un riche costume brodé, et coiffée d'un chapeau garni d'une plume blanche. B. l. 8; h. 11.

PORBUS.

321. — Un Portrait d'homme vu à mi-corps, et la tête de trois quarts. B. l. 9, h. 12.

École d'Albert Durer.

322. — La Vierge, assise dans un intérieur, soutient d'une main son Enfant divin sur ses genoux, tandis que de l'autre main il lui soulève le bout du pied. Une grande croisée à gauche du sujet, découvre la campagne. B. l. 11, h. 14.

RUBENS (Pierre-Paul). *Né en* 1577, *mort en* 1640.

Le tableau, dont nous allons donner la description, offrira un grand intérêt aux amateurs qui aiment à connoître les diverses nuances qui se rencontrent souvent dans les ouvrages des plus grands peintres; celui-ci, que Rubens fit à son arrivée en Italie, justifie complètement les observations de notre Avant-propos, et il diffère extraordinairement des ouvrages que fit le prince de l'École flamande, à son retour dans sa patrie, après avoir étudié Léonard de Vinci et le Titien. Ce sujet, que nous ne connoissons pas, représente des femmes endormies, dont nous allons donner la description.

323. — Sur une terrasse, à l'ombre de grands arbres qui soutiennent des draperies, on voit au milieu du tableau deux Femmes nues endormies; l'une d'elles, personnage principal, est couchée sur un canapé recouvert d'une draperie rouge; à droite, sa compagne, également livrée au sommeil, se distingue par son attitude gracieuse, et par une ceinture qui lui passe au-dessous du sein : une troisième femme, dont une partie du corps est cachée par le canapé, est vue appuyée contre le dossier, sur lequel, dans l'abandon du sommeil, elle laisse tomber sa tête et ses bras. A gauche, sur le second plan, on voit s'avancer un homme qui semble être un Mendiant, s'appuyant sur une béquille, tandis que du côté opposé, on aperçoit derrière des balustrades une figure de jeune enfant qui pourroit bien être celui de la Femme principale, et qui semble, par son signe, avertir le Mendiant de ne pas troubler le repos de sa mère. T. l. 71, h. 61.

ATTRIBUÉ AU MÊME.

324. — Le Portrait de la Femme de ce grand artiste, vue à mi-corps et de trois quarts, vêtue d'une robe noire, et un mouchoir blanc légèrement jeté sur ses épaules; elle est coiffée d'un panache de plumes de diverses couleurs, le cou et les oreilles ornés d'une parure de perles. Tableau légèrement peint, et d'une belle transparence de couleur. B. l. 18, h. 24.

REMBRANDT.

325. — Nous offrons aux amateurs et aux protecteurs des arts, le Portrait du plus grand peintre de la Hollande, peint par lui-même à l'âge de soixante et dix ans; on trouve encore dans cet ouvrage cette verve et cette magie de clair-obscur, qui ont immortalisé la mémoire de Rembrandt. Ce célèbre artiste est vu à mi-corps et de trois quarts, la tête couverte d'un turban, et vêtu d'un surtout qui lui couvre les épaules et le corps. T. l. 20, h. 27.

CALVART (Denis).

326. — *L'Apothéose de la Vierge :* elle est assise dans les cieux, à la droite de Dieu le père, revêtue d'un manteau d'azur bordé d'or; et elle reçoit les mains jointes la triple couronne que le Père éternel lui pose sur la tête: des Anges et des Chérubins l'environnent. On en remarque particulièrement trois sur le premier plan qui jouent de la mandoline, de la flûte et du violon. T. l. 26, h. 36.

PAR LE MÊME.

327. — *Dalila et Samson :* ce dernier est au pouvoir des Philistins qui le maltraitent; tableau d'une belle couleur et bien composé. T. l. 55, h. 44.

MÊME ÉCOLE.

328. — *Notre Seigneur en croix sur le Calvaire.* La sainte Madeleine embrasse ses pieds; près d'elle sont la sainte Vierge et saint Jean; plus loin, des hommes d'armes à cheval, et dans les airs, un Ange qui paroît fuir au moment où le Sauveur dit: *consummatum est.* B. l. 14, h. 21.

CHAMPAIGNE (Philippe de).

Nous offrirons toujours avec un nouveau plaisir, aux amateurs, les ouvrages de Philippe de Champaigne, l'un des plus grands peintres d'histoire sainte et de portraits qui aient existé. Nous ne connoissons point de peintres qui aient rendu les beautés simples et naïves de la nature avec la vérité de Champaigne, surtout dans le tableau que nous allons décrire.

329. — *Le Martyre de sainte Apolline.* La vertueuse chrétienne, déjà liée à une colonne par deux bourreaux, voit, avec une fermeté héroïque, le supplice qu'on lui prépare; son sein gauche est découvert, et des ciseaux au pieds d'un des bourreaux, indiquent qu'on va le lui couper. A gauche du tableau, le magistrat est présent lui-même à l'exécution, assis, vêtu d'une tunique violette, et paroît s'irriter de la patience qu'oppose constamment la jeune martyre aux tourments qu'il lui fait endurer, et donne aux soldats des ordres plus rigoureux. T. l. 70, h. 47.

STEEN (Jean).

330. — Une immense composition représentant une *Adoration des Bergers.* La Vierge, assise au milieu de la scène, offre à la vénération des nombreux bergers accourus de toutes parts, son divin enfant étendu sur un linge. Cette production capitale présente un grand intérêt par le mouvement et la vérité des expressions des figures et des personnages du temps qu'elles représentent. Ce tableau, regardé dans notre galerie comme étant de Jean Steen, en a du moins toute la ressemblance. T. l. 71, h. 51.

ATTRIBUÉ AU MÊME.

331. — *Une Fête champêtre.* A droite, devant la façade d'un château d'une élégante structure, on voit divers groupes de personnages richement vêtus, selon le costume du temps. Sur le premier plan, on remarque aux pieds d'une Femme un cavalier qui lui fait hommage de quelque production poétique, tandis que derrière, sur le second

plan, une autre Femme pince de la guitare au milieu de divers auditeurs, et près d'une table où sont placés plusieurs instruments. Vers le milieu du tableau, un personnage vêtu en noir, et qui pourroit bien être le bailli du lieu, porte le doigt à sa bouche, et semble annoncer par ce signe qu'il vient complimenter la dame du château : celle-ci s'avance avec sa suite, accompagnée du seigneur portant un costume noir; deux grandes masses d'arbres laissent apercevoir un fond de paysage. Cette riche composition offre un grand intérêt. T. l. 62, h. 44.

JEAN SENS.

332. — Martyre d'un Saint; il est amené de force devant la statue de Jupiter Tonnant. Un prêtre des faux dieux le sollicite encore de sacrifier aux idoles; mais il refuse avec fermeté; et, levant les yeux au ciel, il voit les Anges du Seigneur portés sur des nuages, qui lui présentent la couronne et la palme de la véritable immortalité. Cintré, l. 23, h. 31.

BREUGEL le Vieux.

333. — Vue d'un village de Hollande. Les premiers plans sont animés d'une grande quantité de petites figures, formant divers groupes et des danses; on aperçoit dans le lointain une grande étendue de pays, une rivière et des coteaux. B. h. 11, l. 26.

BREUGEL d'Enfer.

334. — Un Sacrifice humain dans l'épaisseur d'une forêt; au pied d'un autel, élevé sous le feuillage d'un vieux chêne, un Homme est immolé dans les flammes, en présence d'une grande multitude de peuple qui assiste à cette cérémonie. C. h. 8, l. 10.

PALAMEDES.

335 et 336. — Deux tableaux formant pendant; l'un représente un Intérieur de Corps-de-garde, dans lequel on voit, à gauche, plusieurs soldats groupés autour d'une

caisse de tambour, jouant aux cartes ou fumant leur pipe; près de là, un Homme assis, qui paroît d'un rang supérieur, donne des ordres à deux autres soldats qui l'écoutent.

Le second représente l'Intérieur d'une Chambre, où plusieurs chevaliers sont assis autour d'une table, et prennent des rafraîchissements; un d'eux joue du sistre. B. h. 14, l. 17.

ATTRIBUÉ A VAN DE VELDE.

337. — Paysage avec animaux; près de quelques cabanes rustiques, un homme est occupé à traire une vache, quelques poules et un petit bon-homme jouant au cerceau sont en avant, à droite; sur le premier plan, une vache est couchée ayant son veau à ses côtés; dans les lointains, quelques villages et des coteaux terminent cette composition. T. h. 11, l. 14.

DELAER (PIERRE).

338. — Deux rosses et un Palefrenier, qui les soigne dans une écurie en partie en ruine. T. l. 11, h. 14.

ATTRIBUÉ A PEETER NEEFS.

339. — Un Intérieur d'Église, éclairé de jour, orné de quelques figures. B. l. 29, h. 21.

WOUWERMANS (JEAN), EN ITALIE.

340. — Deux Paysages; dans l'un on voit, sur le premier plan, un charlatan; et dans l'autre, un repos de chasse. T. l. 12, h. 15.

CRAESBEK.

341. — Quatre Buveurs et Fumeurs, dans un intérieur rustique. T. l. 18, h. 24.

DES PREMIERS TEMPS DE BERGHEM, EN ITALIE.

342. — Un Paysage d'un effet vigoureux, orné de quelques figures et animaux sur le premier plan. T. l. 18, h. 14.

WEST.

343. — Un Bac chargé de passagers et quelques animaux, passant d'une rive à l'autre. B. l. 24, h. 14.

PAR LE MÊME.

344. — Deux tableaux offrant l'un et l'autre la Vue de deux magnifiques Palais avec toutes leurs dépendances, et les belles perspectives des environs. B. l. 24, h. 16.

LINT (Van).

345. — Un Paysage d'un ton vigoureux, orné de diverses fabriques, figures et animaux. T. l. 19, h. 14.

GÉRARD DE LA NOTE.

346. — Deux sujets mythologiques, dont Psyché. Ces deux tableaux, d'un bel effet, sont éclairés chacun par une lampe. B. l. 13, h. 9.

BLOMEN (Pierre Van).

347. — Deux riches compositions, faisant pendant; dans l'une on voit une Halte à la porte d'une auberge de campagne; et dans l'autre, une Caravane de musiciens, mêlés avec des pâtres. T. l. 24, h. 16.

PAR LE MÊME.

348. — Un Cavalier descendu, remettant sa botte. Tableau rond. G. 9.

PAR LE MÊME.

349. — Dans un Paysage, au bas d'une rivière, on voit des Voyageurs qui font boire leurs chevaux à une fontaine. T. l. 26, h. 21.

MIEL (Jean).

350. — Un Paysage avec ruines, et un groupe d'animaux conduit par deux pâtres. Joli échantillon de ce maître. T. l. 10, h. 14.

GONZALES COQUES.

351. — Portrait d'Homme, représenté un peu plus qu'à mi-corps, le regard tourné vers le spectateur, est noble et doux à la fois; deux moustaches épaisses surmontent la bouche, et ses cheveux, largement bouclés, descendent jusque sur ses épaules; la main droite, appuyée sur le genou, tient une longue pipe; de l'autre main il tient une paire de gants, et le bras est posé sur le dossier du fauteuil sur lequel il est assis; des mains bien dessinées, des vêtements bien rendus, une touche suave et fine, font le principal mérite de ce tableau. T. h. 12, l. 9.

FRANC (FRANÇOIS).

352. — Un tableau des plus beaux et des plus capitaux que nous ayons encore vu de ce maître, représentant l'*Enlèvement des Sabines*. Romulus, ayant dissimulé son ressentiment du refus fait par les Sabins de s'unir à son peuple par des mariages, les attire à Rome sous le prétexte d'une fête : là, au signal convenu, leurs jeunes filles sont enlevées, et deviennent les épouses des Romains, leurs ravisseurs. L'auteur a déployé toute la magnificence de l'architecture dans le lieu où se passe cette scène historique, pleine de verve et de mouvement. B. l. 27, h. 17.

BRIL (PAUL).

353. — Une Vue de Mer, bordée à gauche par des masses de roches. La droite offre quelques bâtiments près du rivage. Le premier plan est enrichi de divers groupes de belles figures de la main d'Annibal Carache. Ce charmant tableau offre toutes les beautés réunies des pinceaux de ces habiles artistes. C. l. 15, h. 12.

PAR LE MÊME.

354. — Un grand Paysage pittoresque, mêlé de ruines, et orné de figures et animaux, par Annibal Carache. T. l. 36, h. 27.

SEGERS, *surnommé* LE JÉSUITE D'ANVERS.

355. — Un tableau de Fleurs, au milieu duquel Corneille Nehert a placé la Vierge tenant l'Enfant Jésus sur ses genoux; l'un et l'autre de ces deux artistes se sont distingués dans ce tableau. B. l. 19, h. 29.

CRANACH.

356. — Deux Figures à demi nues, l'une représentant Cléopâtre, et l'autre Lucrèce, qui se perce le sein d'un coup de poignard. B. l. 7, h. 10.

MEULEN (VANDER).

357. — Des Cavaliers faisant boire leurs chevaux dans une mare bordant un bois; tableau de la jeunesse du maître. T. l. 40, h. 30.

358. — *On vendra sous ce numéro tous les objets que le temps ne nous a pas permis de décrire, ou qui nous sont parvenus trop tard pour être placés dans ce Catalogue.*

TABLE

DES NOMS DES PEINTRES

CONTENUS

DANS CE CATALOGUE.

ÉCOLE D'ITALIE.

ALBANE, 92.
Autres tableaux du même et de la même École, 93.
Albertinelli Maviotto, 43.
Allori (*Alexandre*), 103.
Angelic (*Jean*), 26.
Autre tableau du même, 27.

Balduinetti (*Alexis*), 28.
Baroche, 98, 99.
Baroche (*Frédéric*), 100.
Bartholomé de Saint-Marc (fra), 41.
Autres tableaux du même, 42, 43.
Bassan (l'un des), 104.
Battoni (*Pompeo*), 101.
Benedetto Luti, 112.
Bibianne, 117.
Bonifazio, 105.
Bronzino, 74, 75,
Buonarroti (*Michel-Ange*), 44.
Autres tableaux du même, 45.

Calliari (*Paul* Véronèse), 75, 76, 77, 78, 79.
Canaletti, 97.
Canaletti (*Antoine*), 98.
Cangiage, 103.
Carletti (Véronèse), 79.
Carpi (del), 53.
Carache (les), 80.
Carache (*Louis*), 81.
Carache (*Annibal*), 82, 83.
Carache (*Augustin*), 83.
Carache (*Antoine*) 84.
Carache, *voyez* Gobo.
Caravage, 110.
Cigoli (*Louis*), 101.
Cinani (*Carlo*), 113.
Cristophe de l'Altissimo, 103.
Cirauni (*Élisabeth*), 108.
Ciroferri, 112.
Corrége (le), 51.
Autres tableaux du même et de son École, 52, 53.

Decosmio (*Pietro*), 30.
Autres tableaux du même, 31.
Del Vaga, *voyez* Vaga.
Dolci (*Carlino*), 95.
Dominiquin (le), *voyez* Zampieri.

Empoli (*Jacopo*), 104.

Feti (*Dominique*), 105.
Francia (*François*), 47.

Garofalo, 70, 71.
Gaufredi, 117.
Gentileschi, 109.
Gherlandajo (*Dominique*), 31.
Gherlandajo (*Ridolfo*), fils et élève du précédent, 32.
Gobo de Carache, 84.
Guerchin (de Cento), 88.
Guido (*Reni*), 89.
Autres tableaux du même et attribués au même, 90, 91.
Guido (*Ganacci*), 92.
Grivelli, 116.
Giorgion, 53.
Autres tableaux du même, 54.

Horisonti, 100.

Jordano (*Lucas*), 114.
Josepin, 95.

Lauri (*Philippe*), 115.
Léonard de Vinci, 34.
Autres tableaux du même, 36 et 37.
Lippo, 25.
Lorrain (*Claude*) tableau attribué à, 101.
Luini (*Bernardin*), 55.
Luti, *voyez* Benedetto.

Manteigne (*André*), 38.
Autres tableaux du même, 39, 40, 41.
Maratte (*Carle*), 117.
Mariotto, *voyez* Albertinelli.
Matteo Rosselli, 105.
Maurandini (*François*), 80.
Mazaccio, 30.
Mola (*François*), 113.
Mutian, 111.

Nelli Plantilla, sœur et supérieure du couvent de Sainte-Catherine à Florence, 27.
Nuzzi (*Marie*), 104.

Panini (*Jean-Paul*), 101.
Parmésan (le), 59.
Autres tableaux du même, et attribués au même, 61.
Perrugin, 33.
Autres tableaux du même, 34.
Perruzzi (*Baltazar*), 37.
Autres tableaux du même, 38.
Pinturicchio (*Bernardino*), 46.
Plantilla; *voyez* Nelli.
Pontormo (*Jacomo*), 80.
Primatice (le), 72.

Raphaël del Garbo, 48.
Raphaël d'Urbin; *voyez* Sanzio.
Ricci (*Sébastien*), 115.
Ricciarelli (*Daniel*), dit de Volterre, 23.
Romain (*Jules*), 61.
Autres tableaux du même, 62, 63, 64.
Roselli; *voyez* Matteo.

Saint-Jean (*Jean de*), 110.
Salseferato, 111.
Salvator Rosa, 106.
Autres tableaux du même, 107.
Salviati, 71.
Santo i Tito Titi, 102.
Sanzio (*dit* Raphaël d'Urbin), 48.

Autres tableaux du même, 49, 50.
Sarto (*André* del), 66.
Autres tableaux du même, 67, 68.
Schidone, 94.
Sébastien del Piombo, 57.
Autres tableaux du même, 58.
Soggi, 55.
Solario (*André*), 73.
Solimene, 112.

Tassi (*Augustin*), 100.
Théodore (de Naples), 117.
Tintoret, 79.
Titien, 55.
Autres tableaux du même, 56.
Vaga (Perrin del), 64.
Vasari (*George*), 69.
Verocchio (*André*), 29.
Véronèse (*Paul*); *voyez* Calliari.
Véronèse (*Alexandre*), 108.

Zampieri (*dit* le Dominiquin), 85.
Autres tableaux du même, et attribués au même, 86, 87.

ÉCOLES FRANÇOISE, ESPAGNOLE ET FLAMANDE.

Aldegraf, 127.

Berghem (Tableau des premiers temps de), 133.
Blomen (*Pierre* Van), 134.
Brill (*Paul*), 135.
Breugel le vieux, 132.
Breugel d'enfer, *idem*.

Callot, 119.
Calvart (*Denis*), 130.
Champaigne (*Philippe* de), 131.
Chorel (*Jean*), 126.
Courtois (*dit* Bourguignon), 120.
Coxis (*Michel*), 128.
Craesbek, 133.
Cranach, 136.

Delaur (*Pierre*), 133.

Espagnolet (l'), *voy.* Ribera.
Eyck (*Jean* Van), 125.
Tableau de son École, 126.
Franc (*François*), 135.

Gérard de la Note, 134.
Gonsales Coques, 135.
Greuze, 121.

Holbein, 128.

Layden (*Lucas*), 127.
Lint (Van), 134.

Mabuse (*Jean*), 126.
May, 120.
Meulen (*Vander*), 136.
Miel (*Jean*), 134.
Murillo (*Bartholomé*), 123.
Tableau de l'École du même, *idem*.

Neefs; *voyez* Peter.

Palamedes, 132.
Peter Neefs (tableau attribue à), 133.
Porbus, 128.
Poussin (*Nicolas*), 118.
Autres tableaux du même, 119.

Quintin Mensis, 126.

Rembrandt, 130.
Ribera (*dit* l'Espagnolet), 123.
Rubens (*Pierre-Paul*), 129.

Sens (*Jean*), 132.
Segers, *surnommé* le Jésuite d'Anvers, 136.
Steen (*Jean*), 131.

Tableaux du quatorzième siècle, 128.

Van de Velde (tableau attribué à), 133.
Velasquez (don Diego), 122.
Vernet (*Joseph*), 121.

Wouwermans (*Jean*), en Italie, 133.
West, 134.

DE L'IMPRIMERIE DE CHAPELET.

www.ingramcontent.com/pod-product-compliance
Ingram Content Group UK Ltd.
Pitfield, Milton Keynes, MK11 3LW, UK
UKHW021040230726
13926UKWH00004B/1573